# 基于"让学"理论的分享式教学

## ——语文分享阅读教学探索

黄瑞夷◎著

海峡出版发行集团｜福建教育出版社

## 图书在版编目（CIP）数据

基于"让学"理论的分享式教学：语文分享阅读教学探索/黄瑞夷著. —福州：福建教育出版社，2023.8
ISBN 978-7-5334-9662-3

Ⅰ.①基… Ⅱ.①黄… Ⅲ.①阅读课－教学研究－小学 Ⅳ.①G623.232

中国国家版本馆 CIP 数据核字（2023）第 076861 号

Jiyu "Rangxue" Lilun De Fenxiang Shi Jiaoxue——Yuwen Fenxiang Yuedu Jiaoxue Tansuo

**基于"让学"理论的分享式教学——语文分享阅读教学探索**

黄瑞夷　著

| | |
|---|---|
| 出版发行 | 福建教育出版社 |
| | （福州市梦山路27号　邮编：350025　网址：www.fep.com.cn） |
| | 编辑部电话　0591-83779615　83726908 |
| | 发行部电话　0591-83721876　87115073　010-62024258） |
| 出 版 人 | 江金辉 |
| 印　　刷 | 福建省地质印刷厂 |
| | （福州市金山工业区　邮编：350011） |
| 开　　本 | 710毫米×1000毫米　1/16 |
| 印　　张 | 14 |
| 字　　数 | 214千字 |
| 插　　页 | 1 |
| 版　　次 | 2023年8月第1版　2023年8月第1次印刷 |
| 书　　号 | ISBN 978-7-5334-9662-3 |
| 定　　价 | 39.00元 |

如发现本书印装质量问题，请向本社出版科（电话：0591-83726019）调换。

# 序

# 老师，别再这么教语文了

语文老师经常观摩名师教学，看到有趣的方法，必会模仿应用，观摩课很让老师受益，观摩课也很让老师受害。王荣生教授说："很多老师不知道要从观摩课中学什么，不是优秀的经验不能推广，而是我们一直没有弄明白推广的经验是什么。"很多教师，尤其是青年教师在观摩课上都是盯着执教者的教学方法，不问因果地进行模仿。结果"想要教什么"和"正在教什么"相悖，还浑然不知，语文课堂令人扎心了。

## 一、教学——别再总叫学生"读得更像些"

有幸当骨干教师选拔赛的评委，听了23位老师《将相和》片段教学的内容，令我惊讶的是，23位老师都是这么教学"蔺相如理直气壮地说"这句的。

师：理直气壮是什么意思？
生：道理充分。
生：理由充足，很有气势。
生：理由充分，说话气势就壮。
师：说得非常好，理直气壮就是理由充分、说话气势就壮的意思。
师：谁能把蔺相如的"理直气壮"读出来？
师：他读出"理直气壮"了吗？谁能读得更像"理直气壮"一些？
师：你再来读，还不够"理直气壮"，谁还能更像一些？
师：你来读……你来读……还有你来读。
师：对了，"理直气壮"应该读得大声、响亮、有气势，现在全班同学一起"理直气壮"地读蔺相如说的话，读出"理直气壮"的感情。

天啊！23位骨干老师都是这么教学"理直气壮"的。这让我想起很多的观摩课，执教老师都是这么让学生一读再读，直到把某个词的意思读到他认为满意为止。比如"勇敢"——你能读得再勇敢些吗？"自由"——你能读得比他更自由些吗？"柔弱"——他读出柔弱的味道没有？那谁来帮助，谁能读得更像些？这都是在教语文吗？大声地、脸红脖子粗地读"理直气壮"，就真的理解这个词了吗？很是荒唐，用表演读代替理解，这哪是教语文？23位老师中，就没有一位这样问学生，蔺相如怎么就理直了？面对君王，他怎么就能气壮呢，而不是理直气弱呢？原来用城换璧是秦王说的，先允人条件，现璧已献上，城却不兑现，所以蔺相如道理在握——理直了。气壮：因为璧已到蔺相如手中，主动权在蔺相如这边了，占理又得势，自然就能气壮。而这个词语中还包含了蔺相如的勇敢——秦王虽是君但不是"我"的君，所以可以不气弱；同时也包含着蔺相如的智慧，如果璧在秦王手上，蔺相如就是再有理也气壮不起来，所以他用"谋"把璧得到手，才气壮的。这才是真正地通过联系上下文，理解了这个词语的意思。而不是读得大声、再大声就是理解了这个词语的意思。

## 二、教学——别再故作深情地反复引读了

　　参加市青年教师赛课活动，听了4位老师同上《冬阳·童年·骆驼队》，4位老师同上《自己的花是让别人看的》。听课中我再次惊讶，8位老师教2篇不同的课文，竟然有一样的教学环节。

　　走过任何一条街，抬头向上看，家家户户的窗子前都是花团锦簇、姹紫嫣红。许多窗子连接在一起，汇成了一个花的海洋，让我们看的人如入山阴道上，应接不暇。

　　对于这句的教学，老师们都是这么处理的。

　　师：走过这条街，抬头向上看——读……

　　（学生读"家家户户的窗子……"）

　　师：走过那条街，抬头向上看——读……

　　师：走过横街，抬头向上看——读……

师：走到纵街，抬头向上看——读……

师：走到热闹的大街，抬头向上看——读……

师：走进寂静的深深小巷，抬头向上看——读……

师：多么奇丽的景象啊！抬头向上看——读……

师：多么奇特的民族啊！抬头向上看——读……

教学《冬阳·童年·骆驼队》的老师是这样引读的。

那样丑的脸，那样长的牙，那样安静的态度。它们咀嚼的时候，上牙和下牙交错地磨来磨去，大鼻孔里冒着热气，白沫子沾在胡须上。

师：我站在骆驼的面前，看它们咀嚼的样子——读……

师：是啊，童年的记忆是那样的深刻，每当骆驼队来时，我就会站在骆驼的面前，看它们咀嚼的样子——读……

师：当我在写作时，童年又重临我的心头，我仿佛又站在骆驼的面前，看它们咀嚼的样子——读……

师：听到骆驼的铃铛声，我仿佛又站在骆驼的面前，看它们咀嚼的样子——读……

师：每当看到暖暖的冬阳，我又回到了童年，我仿佛又站在骆驼的面前，看它们咀嚼的样子——读……

师：就是这样的着迷，这样的深刻，我都呆了，呆呆中我又仿佛站在骆驼的面前，看它们咀嚼的样子——读……

这样的引读有什么意义吗？我上网查看一下，发现网上的教学实录也有这样的教学。语文是音韵的艺术，难道就是这样的？老师这样想着法子让学生重复读，是为了理解更深刻，感受作者的情感，还是为了能达到表达音韵美的效果？我看除了表面热闹外，什么也达不到。首先，学生不知道为什么自己要这么读，只是听老师的指令而读，达不到理解的效果；其次，学生一遍遍地读没有任何变化，也没有什么感悟，只是听到老师激情地说"读"，他们就读了，这是感受不到作者情感的；最后，学生的读，只是重复，有些是读得越来越大声，有些读着还偷笑，这能体会到音韵美吗？

## 三、教学——别再叫学生把这个词"演得更像些"

不知道从什么时候开始，语文老师特别爱用表演法来教动词，有些时候感觉还妥当，有时候就觉得特别不合适。如：《冬阳·童年·骆驼队》里的"上牙和下牙交错地磨来磨去"，老师让学生也来磨一磨。这一表演是为了什么呢？是要理解"磨"还是为了理解"交错"，还是只是为了增添一点课堂的乐趣呢？或许这个还没什么。而《将相和》中的"他举起和氏璧就要向柱子上撞"，老师让学生表演举璧"撞"的动作。学生做出撞的动作——学生表演错了，老师还觉得很好。这表演就没多大的意义了，这动作能让学生悟到蔺相如勇敢还是机智呢？做动作是无法达到理解的。更重要的是要把学生的注意力引向"要向"二字，这两个字才体现出人物的特性，因为这个不定词，是灵活的体现，可"进"可"退"，攻守合一，这才是机智所在。不过，这还不算离谱，还有更夸张的。如《盘古开天地》"天和地分开后，盘古怕它们还会合在一起，就头顶天，脚踏地，站在天地当中，随着它们的变化而变化。天每天升高一丈，地每天加厚一丈，盘古的身体也跟着长高"。

师：谁来表演一下头顶着天，脚踏着地？想表演的都站起来。

师：使劲地踏，两手使劲向上托，再使劲点，再使点劲……

师：天每天升高一丈，盘古使劲地顶着；地每天加厚一丈，盘古使劲地踏着。

师：今天天高一丈，地厚一丈，盘古使劲地踏着。（学生再用力）

师：第二天天又高一丈，地又厚一丈，盘古使劲地踏着。

师：第七天天又高一丈，地又厚一丈，盘古使劲地踏着。

师：第十天天又高一丈，地又厚一丈，盘古还是使劲地踏着。

……

师：怎么样，辛苦吗？盘古就是这样顶着，不知顶了多少年……（学生叫手酸了）同学们才顶多长时间啊！

非得把学生逼得脸红脑热，手脚发酸为止，到底要收获什么呢？难道是为了体验辛苦？教学有这个必要吗？这是在教语文吗？手脚发酸的学生坐下后，能集中注意力再学习吗？

## 四、教学——别再不讲情境地练笔了

专家说，没有动笔的语文课堂，就不算是真正的语文课堂。所以，现在你只要坐进教室去听课，必定能看到课课都有练笔的环节。如《冬阳·童年·骆驼队》，老师教了就会让学生也写一段自己童年里有趣的小事。当然，不靠谱的练笔也就来了。

如教学《少年闰土》："深蓝的天空中挂着一轮金黄的圆月，下面是海边的沙地，都种着一望无际的碧绿的西瓜。其间有一个十一二岁的少年，项带银圈，手捏一柄钢叉，向一匹猹尽力的刺去。那猹却将身一扭，反从他的胯下逃走了。"

师：画出描写闰土的词，体会作者是怎么几笔就画出一个人物的。

（接着分析人物特征是如何形象的）

师：请你学习作者这样的白描手法，给你的同桌画画像；或是描写一位你熟悉的人。

教学《狼牙山五壮士》："为了拖住敌人，七连六班的五个战士一边痛击追上来的敌人，一边有计划地把大批敌人引上了狼牙山。他们利用险要的地形，把冲上来的敌人一次又一次地打了下去。班长马宝玉沉着地指挥战斗，让敌人走近了，才下命令狠狠地打。副班长葛振林打一枪就大吼一声，好像细小的枪口喷不完他的满腔怒火。战士宋学义扔手榴弹总要把胳膊抡一个圈，好使出浑身的力气。胡德林和胡福才这两个小战士把脸绷得紧紧的，全神贯注地瞄准敌人射击。敌人始终不能前进一步。在崎岖的山路上，横七竖八地躺着许多敌人的尸体。"

师：画出描写人物动作的词语。读一读，体会人物的心理。

师：请来做一个把胳膊抡一圈的动作，说说你的体会。

师：这里有动作描写、神态描写、语言描写、心理描写，写人就是要抓住人物的这些细节来写，才能让人读了有画面感。下面请大家拿起笔，用这样的写法写一写同学们在体育课上训练的动作。

语文课能这么教吗？不说学生，就请老师本人拿起笔写一写你面前学生的外貌，也给他画张像，老师能画得出来吗？既然老师都觉得这是非常难做到的事，为何要学生仿写？同样，同学们在体育课上的训练与课文中的人物描写能搭在一起吗？课文是作者带着特别感情写出来的，是作者心里的人物形象，而学生是观察者，写同学体育课的活动场面，是客观的感情，二者之间没有必然联系，不能用模仿写法把这两种联系起来。要知道，写人都离不开动作、语言、神态等的描写，你让学生怎么写得出那种表达人物的"情"？

语文课真的不能这么上了。"教学"——"叫学"真的到必改的时刻了，可是太多的老师还是执迷不悟，只要观摩课上看到新鲜的方法，就想学，没弄清原理就模仿着使用，不考虑这样教学的后果，真让人担忧。可以说，没有特技的武打片，几乎不能看。同样，没有"特技"的公开课也无法打动听课者。观摩课上的方法，很多是不能学——或者说是老师们学不来的。课堂还是要有"我在场"的课堂，即自己理念的课堂。

## 五、用"让学"理念进行语文教学

什么是新理念，这很难界定，但可以肯定的一点是，经过修订的课程理念，应当是当前的新理念。课标指出"语文学习要在语文实践中学"，"语文实践"就是学生自己独立尝试阅读的过程，无疑，学生的课前素读是最好的阅读实践，课外阅读也是良好的阅读实践。不过，学生课外阅读，阅读的内容很杂，由多个学生组成的班集体，很难对课外阅读进行统一的指导，于是，课文的预习就成为唯一的可以长期精准指导的阅读实践。

老师讲课文前，让学生进行独立阅读，即是学生运用自己从课堂里学到的本事，把课外阅读中获得的知识、技能积累，尝试应用转化为能力的过程。这个机会老师一定要重视，一定要还给学生，不能替代，也不能当作是一个预习小环节，而草草地检测一下就算了。这可是一个学生学习语文的最好运用场，这个场的效应极大，老师给予重视，学生就成长得快，语文就能向着深度阅读进发。

在学生充分自主阅读的前提下，老师再进行教学，通过对话的形式，打开阅读之心门，阅读成果的交流互动，有着激荡、风暴的效果，这就是分享阅读，用分享阅读心得的形式谈阅读收获，谈阅读过程的故事，谈阅读中的困惑，谈阅读时的顿悟，在对话中再次获得阅读的新感悟，这就是语文素养的升格，是语文阅读能力的进步。而这样的阅读教学无需模仿别人的技巧，只需提升自身的阅读水平，用自己的阅读能力启迪学生的阅读能力，让其在实践中获得顿悟，这才是较理想的语文教学。

# 目 录

## 第一章　"让学"理念与语文实践性的概述 …………………… 1
### 第一节　"让学"理念概述 ……………………………………… 3
### 第二节　"让学"实践：教学从"被认识"走向"被理解" ………… 5
### 第三节　"让学"实践使"语文实践性"落地 …………………… 11

## 第二章　重新审视阅读的教与学 ……………………………… 17
### 第一节　透析语文课堂的"软肋" ……………………………… 19
### 第二节　审视语文课堂的"学路" ……………………………… 22
### 第三节　审视"提问"课堂的利弊 ……………………………… 26
### 第四节　课堂是帮助学生读还是带着学生读 ………………… 29

## 第三章　树立"让学"教学观 …………………………………… 33
### 第一节　老师是否有教学观 …………………………………… 35
### 第二节　树立"有情境"的问题观 ……………………………… 39
### 第三节　"让学"课堂模式之一：有师当作无师用 …………… 43
### 第四节　"让学"课堂模式之二：以综合性统整情境性与实践性 …… 49

## 第四章　"让学"实践的可行与必行 …………………………… 55
### 第一节　阅读能力结构证明"让学"的可行 …………………… 57
### 第二节　"有想阅读"："让学"的心理准备 …………………… 60
### 第三节　"让学"是在培养学生阅读的高阶思维 ……………… 65

## 第五章　预习作文："让学"课堂的策略 …… 71
### 第一节　改变你的课堂：从预习开始 …… 73
### 第二节　预习作文：寻觅教学的"缺口区" …… 77
### 第三节　学生写文本解读："让学"阅读的根本性转变 …… 82
### 第四节　预习作文：学生阅读能力的有效检测 …… 89
### 第五节　预习作文达成学生语文能力的综合评价 …… 95
### 第六节　课堂如何通过分享预习作文达成"让学" …… 97

## 第六章　"让学"实践使语文"实践性"落地 …… 109
### 第一节　从"教读文"转向"教读法"
　　——落实语文实践的方式之一 …… 111
### 第二节　变提问为反诘
　　——落实语文实践性的方式之二 …… 117
### 第三节　"教学"与"学教"互转
　　——落实语文实践性的方式之三 …… 122
### 第四节　"让学"阅读重在发现
　　——落实语文实践性的方式之四 …… 128
### 第五节　让学生经历学习语文的过程
　　——落实语文实践性的方式之五 …… 133
### 第六节　语文味、教师味和学生味
　　——落实语文实践性的方式之六 …… 137
### 第七节　表达阅读："让学"阅读的作文形式
　　——落实语文实践性的方式之七 …… 141
### 第八节　分享实现"让学"：语文对话教学法的实质探究
　　——落实语文实践性的方式之八 …… 146

## 第七章 "让学"阅读教学课堂展示 ················· 155
### 第一节 紧扣一"叹"解全文
——《草船借箭》教学设计 ················· 157
### 第二节 《慈母情深》课堂教学简录 ················· 165
### 第三节 《白杨》课堂教学简录 ················· 171
### 第四节 《晏子使楚》学生预习作文展示 ················· 180
### 第五节 《桥》学生文本解读展示 ················· 185
### 第六节 学生解读《将相和》的教学 ················· 190

## 第八章 "让学"观下的文本解读与教学设计 ················· 199
### 第一节 挖掘搭石与搭石人的精神
——《搭石》教材品析与教学建议 ················· 201
### 第二节 于细微处发现
——《童年的发现》文本解读 ················· 204

## 后记 ················· 208

第一章

"让学"理念与语文实践性的概述

# 第一节 "让学"理念概述

王尚文教授在《走进语文教学之门》一书中引用海德格尔的思想——教师,"他得学会让他们学",指出教学的本质就是"让学"。教,主要不是一种传授知识、技能的行为,而首先是激发学生学的愿望,培养学的责任意识和能力——教自己的意识和能力的活动。

"教育,是指向受教育者的,同时也指向教育者。"教师,不是受一次教育就一劳永逸,就充当教育者,只在于教育别人。对于教育者来说,教育也应该是对自己的教育。

"教和学在本质上具有同一性。"传统的教学观是:基于自我付出的教,基于教师教的学。新的教学观是:基于自我学习的教,基于教自己的学。从教学的角度看,这便是课堂里"教"要"让学"。

海德格尔认为,称职的教师要求学生去学的东西首先就是学本身,而非旁的东西。他说:"教所要求的是:让学。""教师得学会让他们学。""教师必须能够比他的学生更可教。"教师比学生更可教,即教师自身更易自己教自己,从自己教自己的经验出发,指导学生也能自己教自己。

海德格尔进一步说:何谓"更可教"?因为教师的那个圆比学生的那个圆更大,圆周外面的世界也因此更大。他的未知也因此比学生更大,引发的好奇、质疑、探究也更多。

如果教学是教师作为权威对学生施加影响的过程,那么为人的教学应该同时是学生成为他自己的过程。教师——权威施加影响,仅仅是为了学生的成长、发展,在这一持续影响的过程中发现自我,形成自我,提升自我。不是教师的身份赋予他的教学以真理,而是真理赋予教师以权威。

海德格尔的"让学"分为两个层次,一个是让热爱,一个是让实践。"让学"首先是让学生爱上汉语、文学,起码是对汉语、文学的学习饶有兴趣,

"知之者不如好之者，好之者不如乐之者"。"让实践"有两层含意：一是勇于放手让学生去实践，不能总是抱着走、背着走、牵着走。二是善于给学生指点实践的门径和方法。

"让学"的实践形式是语文教学活动的对话。

对话就其本质来说是不可指示，不可预设的，其内容其成果都是在对话过程中生成，不受对话主体所控制和引导，因为真正的对话只能由对话本身所推动，对话主体只是"陷入"其中而已。但是，不可否认，对话必须坚持的是教育必定有目标有指引，教育必须有教育性。什么是语文教学的对话性？简单地讲就是在坚持教学的教育性特征的同时，教师以对话的情怀对待学生，对待教学，对话精神贯穿在具体的教学过程之中。这样的语文教学称之为"对话型"语文教学。

**"让学"——对话，实现教育意义。**

《走进语文教学之门》一书说："从解释学视角看，教育，是一种价值行为而不仅仅是一种事实行为。"也就是说，并不是发生了"教"和"学"的事实，就可以说实施了教育；而是应该看，这种活动是否满足了教育中的主体的需求。价值是个关系范畴，我们不能单方面地说某个教学活动是有价值的、某个教学内容是有价值的，而只有它们对主体构成了意义我们才可以说它们具有教育价值。意义是心灵的范畴，是主体的体验，即生活的痕迹。意义只能在对话中生成，教育价值的实现必然要通过对话。理解即对话，教育只有在对话的状态中才能呈现为个体的意义，才能实现它的价值。对话中，教育的视野和个体的视野产生融合，共同提升。说教育的实现途径在于对话，另一个原因是教育本身就是一种生活。生活并不是被认识的，而是被体验的。人拥有生活，而不是"去"生活。当我们认定教育就是一种生活时，同时也就认定了生活在教育中的人，总是以心灵参与着教育，总是在理解着教育，而不是"去"受教育。

从后现代教育学视角看，后现代教育学和现代教育学的分野主要发端于"什么是知识"和"如何学习知识"的不同理解上。

后现代教育学认为知识是生成性的，它既来自教育预设，也来自学习者本身的积极建构。只有与学习主体的心灵构成意义关系时才是知识，否则还只是信息。并且，人的心理是个整全的综合体，智力、技能、情感、德性等等不能截然区分，其发展也是综合发展，而不是分项发展的。小威廉姆·E.多尔《后现代课程观》认为：教育是心灵之间的相互理解，对话才是教育的根本途径。只有在对话中，才能找到蕴涵在教育中的精神。由此多尔认为后现代课程应该着眼于学生心灵的"转变"。他提出后现代课程应该具有丰富性、回归性、关联性和严密性的特征，即四R理论（四R理论，这里不引述）。

"教""学"一体，它指教师并不是以"教"的姿态对立于学生的学，而是融贯自己的"教"和学生的"学"。在教育中，教师和学生都是受教者，也都是教育者。不是教师"教"学生，而是"与"学生一起学。我们认为在对话教育中，不是"教"的活动加"学"的活动，而是"教—学"生活，即"让学"活动。

最后，教师要有意识地与学生共享阅读成果。这里有两层意思。一是教师要勇于与学生共建意义。另一层意思，教师与学生不是简单地交流各自的阅读结果，而是共享自己与文本的对话过程。面对文本，师生是平等的，但并不意味着他们的理解能力是相等的，并不意味着他们与文本对话的过程是同等品质的。

共享、分享教学理念是本书的主题之一，是本书的核心概念，"让学"阅读课堂主要是通过分享、共享实现的，而分享的内容哪里来，如何来，又如何走向共享，就是我们课题研究的主要内容之一。

# 第二节 "让学"实践：教学从"被认识"走向"被理解"

王尚文教授在《走进语文教学之门》一书中说："教育意义的实现不在于被认识，而在于理解。只有在理解中，即在对话中教育才走向学生，学生才走向教育。在双方的'走向'中，生成一种新的教育图式。它既不是原来的教育预设，也不是学生的原先图式。它是双方对话后的新的教育视野，是双方的共享意义。"语文学科的教育意义自然被涵盖在这一理论中，在当前以培养学生语文核心素养的课标要求下，语文教学如何从"被认识"走向"被理解"呢？

## 一、预设教育，是"被认识"的教育

预设教育，就是指课堂内一切活动都在教师的设计、掌控下展开，学生只需要听，只需要答，只需要按教师的要求去读、去写，经历这个过程后就完成了一篇作品的学习的教育模式。其最大的特征就是"一头热"，即教师预设好全部的教学内容、目标和教学程序，课堂按预设步骤进行问、评、读、写，教师这一头对课堂一切很熟悉，很"热"；而学生可以不需要事先预习，或只要对课文进行粗浅的阅读就可以完成一节课。就当前的语文教学现状来看，只有教师备课、解读文本，而学生没有备课，没有解读文本，只是对文本进行简单的了解与预习。前者细致解读，后者只是初步熟悉、了解，这就形成了师生之间对文本认识的巨大差距。解读语文教材似乎从来都只是教师的任务，深入钻研教材是教师备课也是教师展开教学计划、进行总结的关键词。

把深入钻研教材视为教学的起点，是教师们敬业精神的体现。然而，教师包揽深入钻研教材的任务真的对吗？是否真的有效？实际上，学生虽无法完成深入钻研教材的任务，但可以在教师的指导下查找资料，结合相关背景尝试解读文本，从而深入预习课文。然而遗憾的是，极少有教师能够引导学生在课前进行必要的文本解读。在这种情况下，教师盲目地展开教学，致使学生只能听讲、听问、听答，"听"字当头的每一步学习都在教师的预设之下，他们就只有接招的被动，而无出招的主动，被教师牵着学习，牵着去认识课文，去认识作品的情节、作品的人物、作品的语言，然后积累课堂里所学的知识，通过做作业或考试将自我学习情况反馈给教师。这种完全在教师预设下的学习，就是很规范的"被认识"教育。深入钻研教材后，教师并不是将自己钻研教材的心得分享给学生,让学生看到一个理解作品的思维形式与思维方法,而是把钻研的结果转化为一个个推进课堂进程的系列问题,让学生回答问题配合教师走课堂流程。从课堂观察中不难看到,教师的问题一问出来,就有不少学生举手,他们没有深入研读课文,却在问题呈现时就迫不及待地举手回答,这样的思考结果有质量吗?课堂教学是在认识与识记的平面上展开,所以"被认识"的课堂教学很难达到"在双方的'走向'中,生成一种新的教育意义"。

## 二、对话教学是"被理解"的教学

近几十年的问答教学,一直被不少教师误解为启发教学,甚至被称为对话教学,但实质上与对话教学一点边都沾不上。对话是双边的,是"在双方的'走向'中,生成一种新的教育图式"。而课堂的问答并非都有双方的"走向",更多的是一方走向,另一方承接;这种承接的实质并非"走向"而是跟随,仅仅只是配合完成教学任务而已。

什么是对话教学?多尔在《后现代课程观》一书中说:对话就其本质而言是不可指示的,不可预设的,其内容其成果都是在对话过程中生成,不受对话所控制、所引导,因为真正的对话只能由对话本身所推动,对话主体只能陷入其中而已。这个概念意味着在对话教学的课堂里,学生是有自己的理解的,即学生对所要学习的课文已经有了自己的解读,有了自己的"理解",这种理解可能与教师的理解相差甚远,也可能相差不大,甚至各有各的奇妙,此时课堂中的交流互换理解,更是一种"对话"。这种"对话"可能是问答式的,也可能是碰撞式的,还可能是听讲式的交流,但无论是问答还是听讲的交流,其结果都是在多方的"理解"前提下进行,然后获得自己的再理解,这就是"被理解"的教育,是学生素养真正得到提升的教育。

那么,在当前培养语文核心素养的背景下,语文课堂教学如何实践从"被认识"走向"被理解"呢?

## 三、"让学"是"被认识"走向"被理解"的实践

教育的本质应当是"让学"——对自己的教育。王尚文教授在《走进语文教学之门》一书中这样说:"必须重新审视教与学的活动,并在此基础上建立新的教与学的观念,由基于自我付出的教转变为基于自我学习的教,由基于教师教的学转变为基于教自己的学。""基于自我学习的教"这一表述告诉我们,"被理解"的教育,是能让学生在课堂上当自己的教师的教育,能给别人分享自己的阅读思路的同时,又能听取别人的解读思路,这正是学生"由教师教的学转变为教自己的学"——学生教师诞生,这时学生才能真正与教师对话。基于此,课堂将出现以下几个新走向。

(一)从教师的单方备课走向师生双方备课

学生语文核心素养并不是只在课堂上培养就能形成的,而是在一贯的日常学习中养成的。如果只在课堂上教学生要如何学习,却忽略课前与课后的学习要求,那就谈不上学生素养的养成。所以语文学习不能只有教师单方面的预设教学,不能只有教师备课,而没有学生备课。学生备课是学生应用已有能力实践语文活动的过程,是学生素养的养成过程。

所谓学生备课,就是指学生为学习好一篇课文或上好一节课,必须备好那些知识、任务、观点、问题,备好与教师和同学交流什么。这就要求学生在上课前必须进行文本解读,用自己已有的素养去学习,备好课堂上与教师、同学分享交流的内容,这便是核心素养的锻炼实践。教师备课有教案,学生备课有学案,学生学案的内容最能体现学生已有的素养,教案与学案交流碰撞的过程,就是学生寻找师生之间、同学之间的差距,构筑学习目标的过程,差距缩小了就是学习进步了,这就意味着课堂从封闭的"预设教育"走向开放的"被理解"的教育。教师很难准确掌握学生解读文本所达到的程度,无法精准地了解每个学生是否有其独特的理解,或者只是停留在一般的字面理解上,又或者在某一处的理解已超越了教师。针对这些未知情况,教师只能在准备好自己的解读成果后,与学生交流碰撞,从学生的学案解说中判断是该讲解还是该讨论,是该朗读还是该写作,是提问学生还是只要跟学生分享

自己的解读就可以了。所有这些都无法预设，必须视课堂中的分享情境而定，教学结果只能由对话推动，教师只能静观其变，顺势而教。

（二）从居高临下的问答走向平等的对话交流

很多教师以为学生与教师之间对答上了，学生与学生之间讨论了，这就是对话，其实这种对话不是教育学里的对话，而是日常概念中的对话。多尔认为，对话必须重视平等性，他把教师的地位称为"学生中的首席"。而当下的课堂问答教学则缺少实质的平等性。为什么这么说呢？因为就目前的课堂教学来看，教师经历文本解读，掌握了文本的旨意，对文本有了深度的理解；但学生却没有经历深度的文本解读，他们只是预习，只是粗解，这就致使师生之间的对话出现了不平等。教师把解读的答案当成教学内容，把答案藏起来，然后设计一个个问题，让学生们去寻找，如此何来对话的平等？一个脑袋里根本没有文本理解知识的学生，如何跟一个头脑里装满了答案的教师进行平等对话呢？师生之间只能是教与被教，控制与被控制；学生只能是跟着教师的预设学习罢了。

如果学生也备课了，学生也经历了文本解读，可能会比不上教师，但是，以他的经历与联想，跟文本进行了对话，脑袋里也装满了自己的阅读理解，此刻学生就有了交流的本钱，各人有各人的理解，各人有各人的学习文本的经历，这才有"平等性"对话的基础，对话才能"对"起来。这样的课堂教学，教师才像是组织者，而不像是主控者，学生不是配合教师，完成教师的教学预设流程，而是在分享中比较我与你的理解差异在哪，看到自己在文本解读中的弱点与优势，而后就共同的问题进行深入探讨，学习的过程彼此间平等共进，包括教师也可能从学生的分享中获得启发，而有新的方向、新的感悟。这样的课堂才是语文素养得到培养的课堂。

（三）从"学在教之后"走向"学在教之前""学在教之中"

保罗·弗莱雷认为，"教师的学生（students-of-the-teacher）以及学生的教师（teacher-of-the-students）等字眼将不复存在，新的术语随之出现：教师学生（teacher-student）及学生教师（students-teachers）。教师不再仅仅是授业者，在与学生的对话中，教师本身也得到教益，学生在被教的同时反过来也在教育教师，他们合作起来共同成长"。在当下的提问教学中，教师总是居高临下，站在传授知识的高地，把答案藏起来，让学生猜谜；学生则只能被动地接受，只能从教师那里学，却难以有可以促成教师成长的独特见解。

当课堂从"被认识"走向"被理解"后，学生在教之前已就课堂内容进行了学习与探究，这就让学生有了"教"他人的可能，当他走上讲台分享时便成为了一位教师；在讲台下倾听学生解读成果的教师，也不再只是评判者，更是一个听众、欣赏者，或是学习者，因为有些学生的解读会让教师惊喜不断，可以给教师带来新的思考。这样的课堂，不但可以促使学生之间共同成长，还可以促进教师在教中成长。对于教师而言，这难道不是我们所说的"教就是学"？这不就是"教师的学生以及学生的教师等字眼将不复存在，新的术语随之出现：教师学生、学生教师"吗？

素养是养成的，人在先天基础上经后天的学习实践才能完成。如果教学时学生都没有独立实践，没有用自己的能力去尝试发现、感悟，对文章的接触仅仅是扫除生字词，了解主要的意思，而没有尝试解读，即在学生没有经历实践准备的基础上就进行教学，那学生的语文学习只能是接受学习，只能是用老师的实践分析代替学生的阅读，学生配合老师完成课堂流程而已，谈何培养语文素养。近年来，随着语文核心素养探索的不断深入，教师们更加重视语文课堂的深度教学，重视阅读中的"深度学习"。就当下的提问课堂而言，是很难完成这样的探究的，语文教学法需要转型，要从"被认识课堂"向"被理解课堂"转型，从问答模式向对话模式转型，语文核心素养的生成才可能更好地落地。

本书是在八年的"让学"阅读教学课题研究的基础上的总结，从"让学"理论的学习到实践的应用我们在多届学生中实验，用分享表达来检测学生阅读能力的集成。

## 第三节 "让学"实践使"语文实践性"落地

2022版义务教育课程方案与课程标准中最突出的关键词是学科素养，而达成学科素养途径的关键词是——学科实践。

义务教育课程方案与课程标准强调素养导向、学科育人，重组课程内容，创建学业质量标准，探索与素养目标和内容结构化相匹配的、学科典型的学习方式，推进以学科实践为标志的育人方式变革。

所谓学科实践，指的是具有学科意蕴的典型实践，即学科专业共同体怀着共享的愿景与价值观，运用该学科的概念、思想与工具，整合心理过程与操控技能，解决真实情境中的问题的一套典型做法。学科实践超越了传统知识授受的学习方式和探究学习，代表学习方式变革的新方向。学科实践并非是对探究学习的否定和取代，而是体现了人们对学科教育理解的进一步深化，呼唤"源于实践、在实践中、为了实践"的真正的学科探究。

学科实践代表着新时期学习方式变革的新方向。落实到语文学科便是语文实践过程要运用语文学科的概念、思想与工具，整合心理过程与操控技能，解决真实情境中的问题，并在这个过程中养成语文学科素养。

"在实践中、为了实践"这样的学科探究，语文教学过程有没有？学生跟随老师经历了一堂堂的语文课，可是这个课堂的历程中，学生有语文的学习实践吗？

### 一、学生有没有语文实践这个过程？

简单说，学生读课文的过程就是语文实践的过程，但是从严格意义上说，学生是没有经历语文学习实践过程的，因为语文实践过程是要在阅读中采用语文学科典型的学习方式学习的过程，这才算是经历了语文的实践过程。那么什么是语文学科典型的学习方式呢？用叶圣陶先生的话说，就是学习语文的过程中，学习者运用的参考、分析、比较、演绎、综合、涵泳、体味、整饬思想等学习方法。在这些方法中，分析、比较、演绎、综合是各学科学习都要用到的方法，是属于基本方法；参考、涵泳、体味、整饬思想是属于语文学科学习的特殊方法。

按理说，学生学习语文最基本的方法是一定要用上的，这样才能产生学习，而实际上呢？学生在语文学习过程中，连基本的学习方法都未必用上，如学生在预习课文时，只标出自然段、圈画生字词，这样的学习任务需要用上什么方法呢？只有分段、归纳段意、主要内容时才简单地用上分析、综合思维法。"简单地用上"是指导学生在初读时分段、归纳主要内容，是非常粗浅的，速度很快的为完成任务而获得一个结果的阅读行为。就算有些学生会思考文后的思考题，他们也尽量从课文里获得原句来回答，很少会归纳、整合，用简洁的语言重新表达。而课堂上，学生主要是听老师的问题而思考，这本来是能让学生得到参考、分析、比较、演绎、综合、涵泳、体味、整饬思想中的一些思维法训练的，可是，我们的老师却习惯用你一言他一语的答案凑合，来完成课堂思考，这就导致学生没有真正经历一个语文学习的实践过程，而是直接用猜测，用直觉联想来应对老师的问。如获全国一等奖的课《穷人》，老师问："你从哪里读出了桑娜内心是忐忑不安的，又是非常坚定的？"这种给出结论、寻求原因的问，去书中寻求原因，学生基本上不用动用什么思考，只要寻找原句就能回答，而读出原句后分析原句时，又是用自己的语言变换形式地重复原文，加上一个学生只要回答一个点，大家凑在一起完成一个问题，这样就把学习语文的必要思维省略了。老师一节课有几个环节，每个环节都会有问题，学生却无法从课堂里发现老师设计环节的用意，各环节间的联系是什么，如何经历这样的一环环的学习才能深刻地理解一篇课文。学生只知道老师提出了好几个问题，问题之间有什么联系，如何能提出这样的问题却不知道，这如何能说学生经历了语文实践呢？而课堂学习之后，没有一个学生会去回顾学习过程，如回答中某某同学的思考答案有偏离，这种偏离超出了自己的思考，这对我的学习思考有何启发呢？我发现的观点在众多的同学答案中有多少分量，我这么阅读跟被老师肯定为优答案的同学的阅读差距在哪？比劣答案的阅读优在何处？这节课的学习对我下节课的学习提供了哪些支架？然后把思考的结果写下来。没有了这些阅读经历，学生的语文实践是残缺的。当然，这样的语文学习的整体还是在"少慢差费"上转磨。

学生的语文实践缺失在哪？寻根溯源，是老师的教案替代了学生的阅读实践，学生的语文实践在三个阶段都缺失了：课前缺了细致的全力的阅读；课中，老师少了给学生利用参考、涵泳、体味、整饬思想的阅读实践机会；课后只布置巩固知识的作业，而没有布置反思阅读实践的作业。

学生语文实践缺失，究其原因，是老师没有学生要语文实践的意识，只有自己教学实践的意识，所以在教学过程中，学生始终是一个被动的接受者，是教学过程的参与者，而不是语文实践的主体、主人。完成教案的过程，老师是主体，主导着课堂流程，控制着课堂的时空，将学生引入其中，用一问一答的方式传授知识，即求答案，用考卷问答题的形式教学，学生可以不预习，不经历阅读全文的过程，跟着老师的幻灯片就能获得问题的答案。

老师教学每一课都会有教学目标，可是这个教学目标都是自己藏着的，或者说写着就是为应付检查的，从来不肯告诉学生，也不肯告诉学生每一课的学习目标，所以学生自己的阅读实践是无目的的，哪怕是预习一篇课文，他们也不知道读一篇课文到底要读一些什么，读到什么程度才算是比较完满。预习任何一篇课文，他们都只完成这几项：标自然段，圈画生词，分段写段意、主要内容，找修辞，回答课后问题，这便是完满地完成阅读任务。这是"得法于课内，利益于课外"的最大讽刺，这样的学习如果算课内得法，那学生得的是什么法？老师真该好好反思。有时学生课内学到一些法，却只停留在知识上，没能运用，如很多老师教学写景文章就抓静动态描写法；写人文章就强调抓住人物的语言、动作、神态、心理描写法；写事的文章总是抓住关键词，抓细节描写等。这些方法老师从三年级教到六年级，可是大部分学生在离开老师的指导后，很少在学习中使用。因为这些套路本身也没多大的学习价值，只停留在知识层面，而没有真正落实到学生的语文实践中。至于课堂里的找、画、比较，那必须得有老师的问题出现，学生才有找、画、比较的目标，自己不会提问，自然也就没有这样的阅读实践。

## 二、怎么让学生经历语文实践？

要让学生经历语文实践，老师要有"让学"观，心中要有学生阅读的实践意识，即学生像老师备课一样，有一个反反复复的阅读课文的经历，而不是希望学生什么都不知，然后故作姿态地把课文内容当作悬念来引起学生的好奇心，让自己的课堂讲、问能吸引学生的注意。首先要不断地告诉学生不同类型的课文至少要读出哪些内容，才算是完成了预习。其次，语文阅读实践过程一定要有时间保证，学生要有一段静默阅读的宝贵时间，这个时间最初要在课堂上实现，课堂上学生不是抬头等待老师发问才读，而是自己低头细读，要从课内的实践中培养学生细读的习惯，而细读的具体体现是学生能提笔读，在静默的阅读中对词句写注释，写批注、感受，养成阅读作批注的习惯；然后能从词句的批注过渡到段注章批；思考文题关系、结构与方法特色；体味作者对生活的感受与表达艺术。在多年的语文课堂里不断地经历这样一个过程，就能形成较稳定的学习方式，这就养成了语文阅读的良好习惯。

到了高年级后，学生就能在老师没有教学的情况下，自己预习课文也能细致地阅读，像老师备课一样会有反复阅读的过程，在反复阅读中对课文的句段作批注，获得整体的感受，进行局部的深入探究，最后收获自己的独特理解，即课前经历了一个语文阅读实践的过程。这样，课中就会产生期待，即老师或同学的理解会是什么样的？他们的理解是超过我呢，还是我理解的可能他们没想到？我能在哪一点上值得骄傲？我又能从他们的理解中获得什么启发？这种阅读期待会让学生在课中更加专注地投入学习，在这个基础上，老师提出合作、探究学习才有意义，才能真正地依据问题进行合作、探究，因为这时人人心中都有了主见，可是这些主见还未能解决眼前的问题，必须合力又分工探究才能达到目的。

就算是小组讨论，也须是组员各自有了自己的思考后才能讨论，空着脑袋是没有讨论的可能，也没有讨论的必要的。

学习是学生的任务，老师不能用自己的教去替代学生的学，所以老师的语文课堂，应该要时常有让学生低头静默阅读的过程，让学生自己细琢细磨反复咀嚼中获得顿悟的过程，而不要你一句他一句，在众多的答案中，凑合在一起获得一个教案里的预设。学生可以不用读课文，抬头看着老师就能猜测出对问题的想法，这样的教学就是老师的教替代了学生的阅读实践。

学生经历语文实践要养成习惯，课内要有阅读经历，课外也要有阅读经历才行，所以学生预习就是最好的实践过程，是将课中所学全力用于这一刻的实践。预习最能检测学生的语文阅读能力，所以老师要把预习作为教学中的重要环节，它有时比课堂学习还重要。至于课外阅读，因为会联系整本书的阅读，是不可能细琢细磨的，所以这时就是学生在平时学习沉淀下的能力的直觉展示了。

### 三、如何提高学生的语文实践能力？

课程方案修订中提出用"学科典型的学习方式"来提高学科学习能力。参考、涵泳、体味、整饬，这些典型的阅读形式，老师们虽然未能归纳出来，但是却在不知不觉地应用着。如果能提高到意识层面进行有目的的教学，那效果就会更加明显。

参考，如同分析、演绎、归纳一样，虽然各学科学习也都要用到参考，但语文中应用的参考跟其他学科还是很不一样的，任何一篇文章都有其特别的写作背景，参考写作背景能发现不一样的阅读主旨，而且同样的背景，不同的读者会有不同的感悟或阅读发现。如《晓出净慈寺送林子方》，如果没有参考背景，以为本诗只是写六月荷塘景色，而知道写作背景便知这是写送别的诗，但同样参考写作背景，未必就能读出其中的离别之情。这诗中的离别情不是伤感，也不是留恋，而是劝慰。"天"是天气的天也是指天子的天，日是太阳，但同样也指天子，荷叶、荷花是景色中的物，但同时也指林子方。意思是：荷叶只有在接天时才显得格外绿，荷花只有在映日下才能显得别样红。这就是参考的作用。除这种文章背景参考外，语文阅读的参考，还有名家解读、老师解读、同学解读的参考，如果是其他学科，参考的结果可能就是悟出相同的结论，而语文却不同，参考别人的解读，可能是悟出一种思路，可能会获得一个让自己意想不到同时可能是被参考人也未能参悟出的答案。

涵泳，涵泳是一个提取－消化－表达的过程，这个过程是闭合的反复的思路，这是语文学习特有的学习实践，它可能是高声诵读思考，也可能是低吟品味，还可能是默念比较，是从文章中提取，消化，然后又从消化中提取的过程，在这个过程中我们最能感受到语文的魅力。

　　体味，体味是融自己的所有去接纳文章，这个所有是指自己的生活经历的沉淀和阅读所得的沉淀，全身心的体会才能与作者的感受碰撞，品出"味"来，这里所动用的思维，要比其他学科丰富得多，但所获得的却未必有其他学科那么明确，那么清晰，这就是语文的特殊性。

　　整饬，整饬是指导思想或观念的融合，可以是文章里各部分意思的融合，也可以是文章思想和自己的阅读思想的融合，这是一个阅读升华的过程。

　　提高学生的语文素养，需要老师在教学中引导学生主动运用这些典型的学习方式去实践，在实践中有所得后反作用于方法，获得技能与能力的提高。

　　在语文教学实践中，提高学生的阅读实践能力可分三步解说。一是课前预习，学生在没有老师提示的情况下，自主全力阅读，应用典型的学习方式，获得学习结果——学生的文本解读。（这里的解读包含前面所说的，一篇课文至少要读出哪些内容才算是读懂，还包含学生的独特发现，自己认为得意的解答）。然后，老师在课堂上让学生分享交流自己的文本解读，同学之间倾听、比较、记录优点、不足、感悟，这时就有了新的参考，原先可能只参考文章背景，此时参考的是同学的见解，写出课堂参考后的新理解。这时，老师评价或同学评价，同学间、师生间的探讨就是提升。二是老师分享阅读成果——老师的文本解读，学生倾听、比较、记录新知和新感悟，再静默实践，阅读老师给出的文章（可能是片段），用本课要求的重点方法阅读，再次交流学习结果。三是反思阅读过程与交流过程，写下阅读实践历程反思，指导下次阅读实践。

　　这样的一个过程，老师是"让学"，不是在课堂上不断地问，学生不断地找、画、读、猜、答，获得一个大家凑合在一起的答案，而是一个"自己阅读实践－自己分享交流－思考感悟－再阅读实践－反思阅读实践"的过程。经历这样的过程，学科素养才能在学科实践中获得提升。

第二章

重新审视阅读的教与学

当"让学"观与语文课标的实践性联系时，就对语文教学有了新要求，要求老师不仅自己能备课，还要求老师能指导学生学会备课。可是大多数的老师却跟不上变化，自身就过于依赖教材教参，死守讲台，占据了课堂三十多分钟，不愿让出时间给学生实践应用语文的机会，也不愿意去创新语文课程，总是按部就班地讲、问、练，这样的阅读课堂教与学需要重新审视。

## 第一节　透析语文课堂的"软肋"

语文最熟悉、最亲近，也许正因为如此，语文教学的骂声也最多，指责也最严苛。其实，语文教学的最大麻烦就在于它熟悉、亲近得让专家无法确定教师应该教什么。表面一致都是教学课文，可是教课文的什么，却有很多的选择，没有统一也无法统一的内容，让教师自己去创生，成为语文教学最致命的软肋。语文教学众多的麻烦就是由此带来的，不知道应该教什么，怎么去教就被架空。教学实践中就出现各种偏差，良莠不齐。

王荣生教授在《语文教材的双重价值与教学内容的生成性》中指出："语文教材只是语文教学内容一种潜在的存在。在语文教材中，既存在着教学的内容，也存在着非教学的内容。在教学内容这一块，实际是一种混沌的存在，一种无序的存在。我们知道语文教学的内容就在教材中，但我们在开始实施语文教学之前，又无法将教学内容呈现在学生面前，也就是说，我们无法让学生接触到教学内容，因为他们要学的东西隐藏在文里。而他们终于知道了他们在这一堂课要学的东西的时候，也正好是他们掌握了这些内容的时候。"并不是所有的教师都能认识到这点，进而去思考自己的教学。于是在实际的教学中就出现了好多让人费解的现象。

按理说，教师在备课时，首先要问自己的是在这一篇课文中我要教什么，但是实际上许多教师都不是这么去思考，而是把课文就当教学内容，首先想到的是我怎么把这些教给学生，然后就想着各种教学法来假设教学，写出教案。或许这还是算好的，更有甚者，直接把教学参考上的教学建议当教学内容，通过提问一一传递给学生。这样就造成真正要教学的内容没有教学，而不是教学的内容却花很大的气力在讲在练。因为老师不知道到底要教什么，常常是跟风倒，新课改一开始，大家都重视人文性的思想感情的教学，课堂上总是多元理解。后来，很多专家觉得矫枉过正了，于是，新课标（实验稿、修改版）突出工具性与人文性的统一，传达者为改以往教学的不足，强调了工具性，大家又一阵风地把字词句当成教学重点内容。当有人提出语文是形式重于内容时，大家又把文章结构、写作方法作为每课必讲的内容。而且听课者强调，每节课都要有练笔，没有动笔的课，就是没有语文味的课，所以课课必写字，堂堂必练笔，大家就是这么教学的，语文教学不被责问才怪。

在课标培训中，苏教版语文教材编委陆志平老师就举了不少的例子，他说，《姥姥的剪纸》要教的是什么？很多老师都着重教学姥姥的手巧，赞美姥姥的热心，并以此展开教学。实际上错了，这篇文章要教学的是作者对姥姥的怀念之情。这就麻烦了，课文明明用了大量的笔墨写姥姥的手巧，剪啥像啥，写姥姥热心助人，邻居要啥剪啥，怎么就变成最后一笔对姥姥的怀念成了教学内容了呢？这就是编者与教者的理解偏差。他还指出，《北京的春节》，听教师上课都是重点教学人们过春节时怎么忙怎么乐，找出忙的句子，画出快乐的句子，又是读又是仿写，课堂忙碌了半天，最后要教学的没教。《北京的春节》最要教学的就是"热闹"二字，课文就是围绕着这两字而进行铺成、叙述的。教学教什么？教作者是怎么铺成的，怎么在铺成中叙述快乐的。这么一比较，真是让老师晕了。他还说教学《祖父的园子》引进作者苦难的身世是要不得的；《清贫乐·村居》老师把课文归纳成童趣图、乐趣图、情趣图、清趣图是不妥的，这是人为地把整体的文章进行分割……听了编者述说教学内容，老师们像醉酒一样，找不到北了，原来一直自信自己教得很好的课，到头来要么是教错了，要么是教偏了。老师尚且如此，那被教的学生呢？

阅读教学在问题的设置与讨论上，也是要依据教学内容"应该教什么"而定，如《从现在开始》，教师在教学中，发现学生对课文提出异议——狮子大王说：每个人都轮流做大王，谁做得最好，谁就是新的大王。可是课文里只轮到第三个猴子，就不再轮下去了，猴子成了大王，这对其他动物不公平，或许后面的动物还有更好的办法呢？教师听后，感觉问得非常有道理，就组织小孩子们讨论，最后觉得确实不公平，要孩子们写信给编者，提出自己的建议，修改课文。这个问题成为教学的内容，是教师在实际教学中遇上的，并进行实践的。而实际上这是一个不必要的教学环节，也就是说，讨论这个问题非教学内容，可是老师却把它当成了教学内容，把学生的时间和精力都用在了这个非教学内容上。这就形成"想要教什么"与"正在教什么"与"实际上需要教什么"的不对等，三者都没有交集。

可见，教师真正在教什么与编者想让教师教什么理解差异之大。可是，编者又不能在每篇课文里告诉教师应该教什么，不应该教什么。而只是给一个语文教材内容，具体要教什么却由老师自己去琢磨。因而，麻烦就由此产生。用王荣生老师的话说就是："语文教材内容"主要面对的是"用什么去教"的问题。理想的语文教材内容应该做到"课程内容教材化""教材内容教学化"：一方面，课程内容要通过种种资源的运用具体呈现；另一方面，教材要形成可操作的教学设计，使学生在师生、生生的互动中走进经典的世界，建构语文能力。

非常遗憾的是，我们的教材内容恰恰做不到"课程内容教材化""教材内容教学化"，而由着教师自己去折腾，所以造成许多偏、难、俗、错。语文教学的这一软肋目前还无法解决，专家与教师之间还有着鸿沟，教师能做的只能是尽力做到王荣生教授的这个建议：

"语文教学内容"主要面对两个问题：第一，针对具体情境中的这一班学生乃至这一组学生、这一个学生，为使他们更有效地达成既定的课程目标，"实际上需要教什么"。第二，为使具体情境中的这一班学生乃至这一组学生、这一个学生能更好地掌握既定的课程内容，"实际上最好用什么去教"；语文教学内容既包括教学中对现成的教材内容的沿用，也包括教师对教材内容的"重构"——处理、加工、改编乃至增删、更换；既包括对课程内容的执行，也包括在课程实施中教师对课程内容的创生。

可是，就这两点而言，许多教师也是望尘莫及，当能力无法企及时，也就只能退而求其次，跟着教学参考书而教了。于是，又犯了上述的错，该教的教学内容没抓住，非教学内容却花了大力气。语文教学的软肋，令人叹息。

由于老师在备课中总想着自己怎么教，跟着教案中的设计，得到的总是老师的教路，对学生的学路却想得很少。有的老师对学生的学路设想只停在想当然的状态，有的老师根本就不管学生的学路。因而，这里得对学路深入地加以分析。

## 第二节　审视语文课堂的"学路"

老师都会说教学应是教学生学，然而这只停留在理论上，停留在口头上。实践中，我们更多看到的是教，而非学。课堂上一个老师花在教上的时间，远远超出花在学生学所用的时间。在思路上，我们一看板书就知道老师的教路，却永远看不到学生的学路。学生只是配合老师，时而听，时而答，时而记，时而读或思，过完40分钟，却从未有完整的思维过程。

或许你不会相信，我们的语文课堂是看不到学生的学路的。课堂只有老师的教路，只有学生在老师的指导下亦步亦趋跟着学，老师不发出学的指令，学生不会自主学习。

学生在课下尚且还有点学路，因为他们至少会先通读课文，把不认识的字、不理解的词圈画出来；然后想想主要讲什么，自己读后有什么感受；主动的学生还会去看看课后问题，试着解答。可是，到了课堂上，就变成坐等了，老师说读他就读，说"找"他才找，说谁来答，他才举手。如果老师没有说什么，让学生自己读，那就不知要读什么了。我们在公开课上看到不少这样的情形。老师让学生快速读书，整体感受，许多学生读完一遍就不知要做什么，只会坐等老师发出指令。为什么学生的学路会隐退，以至于课堂上没有了学路呢？基本上都是老师占据了课堂，课堂是老师的，老师不教学生就没法学、不懂学。是老师的"高明"让学生学路退化的。

叶圣陶先生说："教的法子须依学的法子，真正的教育者必须培养出能思考、会创造的人。"可惜，我们的语文课堂公开展示时，看到的都是老师智慧的技艺展示，老师巧妙的教学设计；优美的朗读；智慧的应答……让我们听课者双手拍红，赞不绝口。可是学生呢，没有多少老师去顾及他们，因为，我们不会关注学生，从学生那里学不到实用的招数，我们只学老师的教学艺术。长期以来都是这样，所以，听课者、教课者、背后的指导者，都在怎么教上做足文章。老师教得神采飞扬，或是深沉无比或是催人泪下，那必定是好课。学生的学路无人费心思考。所以，我们的课堂，看不到学生的学路。

记得小语教坛上曾掀起一股"教给学生学习方法"的研究思潮，大约两年后，就有人提出学习方法不是教给的，而是悟出的，通过学习学生自身悟得的学习方法才是活的。后来就刮起了一阵"教学中要渗透学法指导"的教学思潮。课程改革后，学习方法的指导也在不停地呼吁着。这些思潮足以说明语文课堂当下的缺陷——教学忽略让学生学会学习的现象严重。然而，学习方法与学习思路还有一大段的差距，无论是教给学生学习方法，还是在教学过程中渗透学习方法，让学生通过实践而感悟到，都还只是个别的、零碎的方法，还不能形成方法系列，构成学生自学的思路。一个有着自己学路的学生才是一个会学习的学生。

为什么我们的课堂没有学路而只有教路？或者说，在掀起的阵阵思潮中，本来可以看到学生在课堂上有些自己学习的学路萌芽，可是，为何时间一长，学路不是越来越发展，反而是逐渐隐退了呢？我想，主要有这么一些原因。

首先，学生的心理成长给了教师主教的惯性。

由于学生学习是一个从不懂到懂，从不会到会的过程，在这个过程中，有教学原则——从扶到放。学生在一、二、三年级里，他们没有自己学习的基础，是要通过老师的传授，通过记忆积累知识，才慢慢地养成学习的能力。由于这个"慢"的特性，老师忘记了学生才是学习的主体，忘记"扶"了之后要"放"。老师总认为学生这么小没有能力自己学习，书还是教的，要不教，为什么把老师的工作称作"教书"。教书当然就是教了，所以，学生也习惯了听教而学，老师一旦不教，学生便不知所措，形成课堂中等待执行老师指令的惯性，老师发出了指令，学生就积极地执行，如果没有任何指令，布置大家自学，那学生就是思维休息，让嘴巴代劳读书，或是眼睛代劳看书，完全没有学习的能力。

第二个惯性就是老师是过来人，老师自己的自觉能力大约是在高中或大学时才有的，在初中以前，都是老师带着学的，没有哪位老师敢放手让学生自学。老师的老师曾经是这么教学的，所以，现在自己当老师也就继承了原来老师的衣钵。老师交流教学心得过程中，听到最多的也是"这篇课文怎么教"，老师备课阅读课文时，首先想到的也是"怎么教"，"教"是老师的代言，所以老师也叫"教师"。没有老师拿到书本，首先想到的是学生会怎么学习这篇课文，因为在教师的心中，学生是不会学习的，只有在自己的教导下，他们才能学点知识。如此的教学思想与教学惯性，使得当下的课堂没有学路了。

其次，观摩课的光环，罩住了老师的双眼。

我们观摩名师课堂，观摩优秀教师的教学，看到的都是老师在课堂上的积极活跃和老师的才艺展示。那些过人的才情，表演的优势，让听课教师啧啧称赞。这种称赞与叹服，又形成一个循环，让优秀老师、名师更加朝着这个方向努力。就像我们看武打影片一样，场面必定要有爆破效果的，人物一定要会飞檐走壁的，侠士一定是不死的，这样的片子看起来才过瘾。如果导演导出的场面只是日常生活中的那种格斗，侠士都没有一点特别的本领，那是没有人观赏的。所以，我们的小语课堂在这点上也越演越烈，执教者的教路一定很特别，必须走出常规；教学过程一定要能展示老师的某一才艺；老师在课堂里的活动一定是比学生多的。这样的课听了才过瘾，才会脸露微笑有收获满满的惬意。如果一个老师在课堂上，教学时间不到 10 分钟，剩余时间都是学生在那里学啊学，那这个老师是不会得到掌声的，这个老师也只能展示一次，不可能有第二次登台的机会了。因此，我们听课时，总是坐在学生背后，两眼盯着老师，手执笔，记下的基本上是老师教学的课堂结构或是思路，我们关注教师的一举手一投足；而学生的情形，基本是被忽略的。因为在我们的听课记录里，从来不会记录——某个学生与老师交流时，他的表情，他的身体语言如何；老师的问题，为什么要你说、他说？不同学生的说背后是什么？我们只跟执教者一样，只关心说出的那个"答案"，而其他同学的反应如何总被我们漠视，因为，这时心里想到的是老师会怎么智慧地应答，随时准备记下老师应答的内容。这样一来，开课者在开课前，也常常先想怎么教才会出彩,这样处理教学是不是能让听课者会心一笑,如此设计能否让老师们耳目一新……这样,教路就越来越光大,而学路就逐渐隐退了,没有教师会去钻研学路。

其三,老师不具备开辟学路的耐心与能力。

培养学生学习的学路是一个细工慢活,在公开课上没有老师有这个胆量,让学生展学路,老师也不愿意这样做,因为这样做吃力不讨好,听课老师关心的不是学路,他们要学的是"我"身上的方法,他们总是急功近利地想:今天听了,明天回去就可以秀一把。如果你不展示自己的才情,反而把大量时间给学生,老师看不出什么"教"的道道,他们就不喜欢你了。所以,要让课堂有学路出现,老师是要有耐性的。可能在一堂课里都没有两分钟展示自己的才情,只有走到学生身边,悄悄耳语教学指导,课堂里的大部分时间是静悄悄。学路的形成标志着会学习了,有自己的学习方法了,但这个形成过程却很漫长,需要老师给机会,给时间,给指导才行。对此,一般老师也是没胆量的,因为,考试卷马上就要见效,教师没有让学生记知识,当然应付不了试卷了,所以,培养学生的学路还要冒险。

培养学路还不只是耐心,还有一个很关键的——老师本身的学习能力。因为课堂让学生展示学路后,老师怎么教,是看学生的学路而教学的,这就要求老师要有即兴组织、整合教案与学路的能力;有即时确定共性指导与个性指导分层教学的能力;有抛开备课思路针对学生个性学路而现场生成教学的能力……这些能力与那些老师展示的才艺一样难,也一样有着个人化的特征。才艺展示还可以准备,而这种即时指导能力,却只能预计,而无法准确把握,难度更大。综观我们的老师,绝大部分都是在教路下培养出来的,他们也只能继承他们老师的衣钵,而无法应对新的要求。所以,学路课堂呼唤新型老师,没有才华的老师是不可能诞生有学路的课堂。

其四,学路课堂观摩课,谁先来吃这只螃蟹?

把思路转回到教师的角色上。教师虽然有教路,可是在教路上,老师的路却单一得很,而且多年来很少变化。在 1970 年代基本上是以串讲为主,到 1990 年代基本以串问为主,其他方法所诞生的路都只是在这两条路上昙花一现,而在串讲与串问这两条路中,以提问为主的教学之路又占据主要优势,在语文教坛中持续到现在，而且还将继续下去。对此，我们不得不谈谈这一教学存在的弊端。

## 第三节　审视"提问"课堂的利弊

1996年6月版的《微格教学》一书中有一段这样的描述：在中国的大多数课堂内，教师常常以自问自答的方式引出讲授的内容。很少有教师经常在课堂上提出问题让学生回答。有些教师即使这样做，提问所用的时间也很短，提出的问题也很少。山西省教育学院中学教育研究中心曾有一次有关教师课堂教学行为的调查。调查结果显示，一堂课（45分钟）内提问次数在5次以下的教师占被观测教师总数的72.4%；只有极少数的教师提问在10次以上。因此，增加提问次数是改变"满堂灌"教学模式的基本手段。

20多年后的今天，其实，都不用20年后，就在当时，"启发式"教学已风靡小语界，小学语文课堂已基本上是以提问为主要的教学组织形式了。今天的教师已离不开提问，假设没有或说不让提问，不知道有多少教师不会上课。课堂已完全是"满堂问"教学。一节阅读课，教师所提出的问题在100个以上，正好达到《微格教学》一书所提出的在1分钟内至少要提出4~5个问题。也就是说一个班60个学生，平均每个学生要有两次回答问题的机会。如此多的回答问题机会，是否学生的阅读能力就大幅度地提高了呢？事实上并非如此。从考试卷面上看，似乎还能容忍，学生对阅读短文后要求回答的问题，回答的结果基本上与"满堂灌"时持平或者说会稍好一些，这稍好或许还与其他因素相关，如信息的高速发展等。若是以面试对话的形式测试学生，那真的会失望之极，对于学过的课文，你问学生学到了些什么，以前因为满堂灌，学生多少还能顺着教师的思路说出一些。现在的学生除了告诉你一些零散的句子意思外，就只剩下主要内容了，而这个内容就算教师没有教学，学生在预习后也能讲得出来。要是拿一段陌生的短文让他们现场阅读，然后问他们从中学到了什么，那真是除摇头、沉默外，无他也。学生那种茫然的神态，游离的目光，不自信的表情，期待你提问的态度真会让你感到心疼。也就是说，在这种教学模式下的学生，阅读只会期待教师提问，没有教师的提问什么也不知道学，也学不了。我们也听过不少课堂上教师让学生提问题的教学，这种培养学生自己发现问题能力的教学，几乎流于形式。原因有二，一是学生不会发现问题，学会发现，需要很多时间和教师很高的点拨水平，教学内容、进度不允许教师这样做；二是，教师本身就是这种满堂问模式下成长的学生，自己发现问题的能力就非常欠缺，又怎么能指望给学生有多大的启迪呢？大多数教师课堂上所提出的问题都是别人设计好的，当然也会有教师自己的没有质量的问题参入其中，教师自己设计的问题常常是起过渡作用的，是学生不用思考或者拿起书本就能答出的，还美其名曰"变着法子引导学生读书"。

提问式教学最大的问题主要表现在两点：一是提出的问题太多、过频、过滥，学生不是思考而答，而是为抢机会猜测而答，失去了提问的实质意义；二是正如一位特级教师所言，提出问题，在课堂上能听清楚"问题"的学生已不是全体，听清"问题"能够马上进行思考的又要打折扣，而思考后能在你想要的时间内真把问题想出来并加以回答的学生就更少，能够抓到机会回答的又更少，回答后能得到教师恰如其分的点评、恰到好处的点拨几乎没有。而教师无法意识到这些，长期如此提问教学，对于学习者会产生怎样的心理呢？最后只剩下少部分学生跟着教师跑，大部分的学生总是想，提问与我无关，那是另一些人的事，教学已失去了面对全体学生的意义了。而那些能跟着教师跑的学生，阅读能力就得到发展了吗？答案是未必。你想，问题是由教师提出的，教师会提问什么学生心中一点底都没有，完全是被动等待，而教师提出的第 10 个问题与第 60 个问题之间有何联系，不要说学生不知道，恐怕连老师自己也不知道，而问题恰恰是阅读的思路，是教你怎么阅读的途径，这条路迷失了，又何谈能力的发展？

阅读能力形成的心理过程，我们可以用皮亚杰的发生认识论来解释——学生能力的发展动力是主体（学生）与客体（课本）之间相互作用的结果，阅读能力的提高是认知力同化的结果，同化过程有深浅，有再生性同化、再认性同化和概括性同化，只有学生达到概括性同化时，所学才达到"类"层次，才能有效地产生迁移，形成能力。概括性同化主要是主体内部认知结构的不断分化，分化越精细，迁移力越强。而学生与课文知识之间的分化包含了两个方面的协调，即协调的形成和在协调之间区分出两个类别："一方面是把主体的活动彼此联系在一起的协调，另一方面是与客体之间的相互作用有关的协调。"我们可以把这两方面的协调理解为：学生与课文之间的协调，学生学习过程的程序协调。两种协调同样重要。提问教学，教师只重视学生与文本之间的协调，而忽视了学生自身学习程序的协调。自身学习程序的协调，实质上是一种总结与反思，是对学习过程的回顾与梳理，是学生不仅能回答出问题，而且能想到为什么问这样的问题，所有的问题之间是一种什么关系，问题是怎么推演的。第一个问题与第一百个问题之间就是学路，学生只有经历一个这样的同化过程，才能在离开教师后，单独学习一篇短文后告诉你学到了什么，才能分析给你听，而不至于茫然不知。

这种过程单凭学生现有水平是无法达成的，一定要有教师的外力作用才能达成，因而少些问题，让问题更有质量，与学生分享问题的发现过程，是促进学生学习过程的程序协调发展的好策略。由此我想到苏霍姆林斯基的一句话："把解决面临的疑问所需要的那些知识都抽取出来，这种抽取已有知识来解决疑问的办法就是获取知识。在这里不一定要把学生一个一个地喊起来回答问题，听他们说些什么，然后从他们零散的回答里凑成一个总的答案。这样的做法只能是造成表面的思维积极性，我常常是一旦引发学生的思维后，我就自己讲解教材。"教师不要害怕讲析，不要认为讲析就是灌输，就是应试教育，与学生分享你的阅读是很好的教学法。

问答教学法是帮着学生读书，而分享式教学法则是带着学生读书。下面就重点探讨一下两种教学理念下的课堂差异。

## 第四节　课堂是帮助学生读还是带着学生读

语文老师在课堂上最常下的指令是："读下面课文内容，请找出描写环境的句子，画出描写人物动作的词。"学生得到指令便低头找、画，他们只会找啊、画啊，却不知为什么要找画这些词句。这实质是老师帮学生读，而不是学生自己在读。语文教学的意义不在于帮助学生读懂，而是要带着不会读的学生一起去经历阅读的实践，在读的实践中引导、启发，从不会读到会读，这才是语文老师应承担的课堂责任。

语文教师（除少数特级教师外）对课文的教学总是这么一些套路：初读课文检查生字新词→再读课文说说主要内容→细读课文逐段逐句分析（分析过程以师不断地问、生不停地答为主要教学方式）→感情朗读→拓展、发散或谈感悟、总结所学。一篇篇一课课不厌其烦地重复着，这种帮助学生读的教学，就成了常态。

例如课文《跳水》的教学过程。

一、默读课文，思考：课文写谁跳水？怎么跳水？为什么跳水？（学生快速地默读）

师：请一位同学来朗读课文。（读完后）检查生字：逗、杆、晃、肆……

师：再读课文，说一说上述提出的问题。

读完回答，就得出课文的主要内容。这就算是初读课文整体感知。

二、认真读第1自然段，思考。

1. 故事发生在怎样的环境里？2. 水手们在船上做什么？3. 找出描写猴子特点的一个词，哪些内容表现了猴子的这一特点？（学生一一作答）

师：你认为猴子放肆的原因是什么？

生：它显然知道大家是拿它取乐。

师：这里猴子和水手发生联系了，水手为什么要去逗猴子？（学生看书作

答）

　　师：请同学们齐读第 1 自然段。

　　三、学习第 2、3 自然段，教师范读，学生听。

　　师：这两个自然段讲了谁和谁的联系？

　　师：请用"△"画出猴子逗孩子的词；请用"."画出孩子追猴子的动词。

　　师：读你画出的词，说说猴子为什么要这样逗孩子。

　　师：请用"＿＿＿"画出孩子表情变化的句子。

　　师：孩子为什么哭笑不得？他为什么脸红了？

　　师：孩子此时心里会怎么想？

　　师：孩子急了，水手和猴子又有什么不同的表现？

　　师：大家齐读，读出味来。

　　四、齐读这 3 个自然段，思考什么和什么联系起来。

　　……

　　在老师的提问的帮助下，学生算是读书了。如果一节课只允许教师提问 10 次，不知道现在的教师还能不能上课。教学、教学应当是从教师的教中学，教师不教只是在那里明知故问，把书本的知识当着答案藏起来，然后让学生猜谜一样，再一次重复读书，这就是美其名曰"变着法子让学生读书"。长期这么教学，也难怪有老师让学生自己读新文章时，在没有老师提问的情况下，问他学了什么，他除了会答主要内容和思想启发外，就没有其他的了。

　　语文是不是应该带着学生读呢？语文是不是可以这么教，教师先问学生读课文后已经学懂了什么，然后教师根据反馈确定自己要跟学生交流什么；当学生听了教师的解析后，教师再让学生也这样模仿教师的学习再学课文，看看又有什么新的收获；当学生有了新悟后，教师又进一步说出一些疑惑，引导学生更深入地理解课文。最后师生一起总结学到了哪些语文内容上的知识，积累了哪些语文形式上的知识，并适当拓展等。再如《跳水》一课教学。

　　一、读了《跳水》一课，你是不是已经学会了课文中的生字、新词了？老师检查一下，如：逗、放肆。这些词在课文的哪处，你能说说意思吗？你还知道在哪些场合或哪些语境中可以用这些词吗？

二、大家都已读了课文，说一说自己都已经知道了哪些知识。（让学生把自己所知道的都说出来，老师借此判断要教什么）

三、老师也读课文了，现在老师也跟大家分享一下我的收获。

师：一看到课文题目，我就想文章写的是谁跳水，在哪里跳，为什么要跳水。看完一遍，这些问题就解决了，很简单，是一个孩子跳水，是在一艘船上跳的，因为他没在意时爬到了桅杆顶端，有危险，要想活命只能跳水，别无选择。但读书时，我发现这个孩子非常可爱：第一，他有特殊的身份，是船长的儿子；第二，他自尊心强，他被猴子耍时脸都红了；第三，他很机敏、灵活，看他追猴子的一系列动作词就知道这孩子很活泼；第四，他很好胜，也很性急，一冲动竟忘记了危险；第五，他勇敢聪明，他在桅杆顶端面临危险时没有立刻吓晕，父亲的喊话他未必听清，但他能反应得过来，勇敢地跳入水中转危为安。这是我通过事件和文章字词的理解而得到的认识。书中除了孩子，还有猴子、水手、船长，你们也像老师这样去读，看你们能读出他们的什么特点。（让学生学着老师的方法读书）

师：再读课文时，我又冒出了新的问题，课文不只是写了一个孩子，还有猴子、水手、船长，作者是怎么把这些人联系在一起的呢？再仔细读发现，原来是水手闲着没事找事，生出事来把这些人捆到了一起。这时我又产生一个新问题了，写这件事和这些人有联系，所以把这些人的行为写出来了，可是文章除了写这事外，还写了景，这景物描写与这事有什么联系呢？同学们帮助老师解决一下。

师：啊！原来这才是跳水的真正原因：风和日丽、风平浪静，天气好大家才会集中到甲板上来，这就有了舞台。因为是返程，任务已完成，大家才有心思放松；因为大家都放松了，又在海上待了那么久的时间，所以才会想生出点事来，寻寻开心换换海上单调的生活气息，这才有了逗猴子的闹剧。也正因为有这样的场景，跳水才成了一场有惊无险的闹剧。如同电影一样事情有起因→发展→高潮→结局。

师：读完这篇课文，有人说是赞扬了船长急中生智、临危不乱的好品质；也有人说是要告诉我们不要乐极生悲；也有人说文章是赞扬水手们对生活的热爱和水上工作的本领……你学完了课文，前后联系起来想想，看会有什么新的认识。

师：老师的体会是事物之间是相互联系的，也是发展变化的。事情的起因是风平浪静，水手闲着无事，可是后来呢？生了事，即使是风平浪静，甲板上的人还是吓得惊叫，打破了平静，水手整装待发，最后又进入一个新的平静。本来是水手逗猴子，可这事最后却扯到了船长身上，又以水手入水救出孩子而结局。事物是发展的，事物间是联系的同时也是变化着的，安全中会潜伏危险，危险也会化为平静。我的理解是通过找联系、析原因而得到的。你们呢？

我想，这么教，才是带着学生读书，这也是分享式阅读教学，这种教学的前提是教师自己要会读，教师越会读，就越会教，教也就教在点子上，教的是学生真正需要学的。所以苏霍姆林斯基才会说，教学首先要弄懂学生已知道了什么，还需要什么，才知道要教什么。这其实也是语文教学观念要转变的。

第三章

树立"让学"教学观

# 第一节　老师是否有教学观

如果你问："老师，你的语文教学观是什么？"估计会有很多老师答不上来。没有观念的教学行为是盲目的。都说观念决定行动，没观念或者观念应时而"教书"，那高唱改革只是暂时的，最终还是会回到"教书"观念指导下的老路上来。而观念改变了，行为也会跟着改变，有什么样的教学观念，就会有什么样的教学形式。如语文"工具观"与"人文观"只要是偏向一端，课堂教学选择的内容就会有较大差异。

曾有不少语文教师反对学生课前预习，认为课前预习后，课文对学生就不再有神秘感，教学就很难吸引学生的注意力，课就难上出应有的效果。因此，这些教师常常是把课文当作故事、美文，讲（或读）给学生听，并在恰当之处设置悬念，引发学生的好奇，进而让学生带着悬念去学习课文，教师自我感觉极佳。若是学生事先预习了，教师一开讲，学生就已知道你要讲什么，顿感索然无味了，当说者无趣听者无味时，课堂教学就味如嚼蜡了。其实，这种神秘感对于学生，对于一节课而言，仅仅是导入环节的几分钟里的感受，一旦到阅读全文，原有的情感就冲淡了许多，甚至荡然无存。

所以很多老师都一直很反对这样的教学，这样的教学把学生当成无知、当成口袋，教师想当然地要塞什么就塞什么，忽视学生的能动性，让学习者完全处于被动地位，听由教师的摆布，虔诚地记着教师语录，上课只要注意听、认真记就行了。学习语文是要在语文实践中学会学习的，而预习恰恰就是最好的语文实践，可是教师却限制学生，剥夺这一实践，这岂不是极大的浪费？教与学是相互的，教必须在学的基础上展开，没有学生的学，教师以自己认为的方式来教，这是不符合教学规律的。即使教师在恰当处设悬念，而这，对学生而言也未必就是悬念，再说，课本在学生的手上，出于好奇，特别是教师这样的教学更会引发学生事先看课文，一旦学生了解了大概的情节，教师的讲也就失去了神秘感与吸引力，这种教学也就面临挑战了。所以，大多数老师主张要在学生预习的基础上，发挥教师特有的作为师者的范本作用，用自己的智慧去燃起学生二度阅读的热情，才是知己知彼的、尊重学生原有知识水平的教学。

不过，有一次到上海华东师大听了李白坚教授的课后，我放弃了自己的固执，原来，学生没有预习而教，确实有别样的效果。但是，这与前面教师的教学已完全两样了，因为教学观念支配着教学方式，思想变了，方式的作用也就变了。先看一下李教授是怎么上课的。

师：我手上有一篇文章，大家的抽屉里也有，只是你们别先看，听我读。这篇文章写得非常好，读的过程中，我会停下来敲桌子，敲两下代表两个字，四下代表四个字，让大家猜一猜要填什么关键词，看谁填得正确。

师：（读）一位朋友邀我在他出门期间住到他的公寓里去。当我到达公寓时，他刚好离家出门避暑数月。

"我写信时忘了告诉你，我有一只鹦鹉，"他说，"它的名字叫温德尔，是从巴西的（　　）里捉来的。"（在停顿处，师敲了两下桌子，问学生此处应是什么词）

生：树林。

师：很好，差一点。

生：森林。

师：不错，不过还是差一点。

生：丛林。

师：非常好，正确。（于是继续读）

师：我很（　　）地看了看笼子里的那只大鹦鹉。它身上的羽毛黄绿相间，尾巴上的羽毛是鲜红的。（在停顿处师边敲两下桌子，边做出一种很吃惊的表情）该填什么词？

生：吃惊。

师：差一点，你看。（说着又做出很夸张的表情）

生：惊讶。

师：不是。

生：惊恐。

师：还没到吓的程度

生：惊吓。

师：不对。（再次做表情）

生：惊奇。

师：有这个意思，但不对。（再一次将身子一震，瞪大眼睛）

生：震惊。

师：非常正确，请继续听。

师：我的朋友走后，温德尔（　　　）。（敲三下桌子）

师：它怎么啦？

生：死了。

师：没有，哪有这么快就死了。而且我是敲三下桌子。

生：生气了。

师：很好，是生气了，但不是这个词。

生：生病了。

师：生病？噢，是心里有病了。

生：蔫缩了。

师：好词，不过也不是。（师又做相应的表情）

生：不叫了。

师：啊，很接近了。

生：沉闷了。

师：又接近一点了。

生：沉默了。

师：对，请接着听。我开始感到似乎是我把它从巴西的丛林里抓来的。第二天早上就更糟糕了。温德尔不安宁了。它呆在笼子里痛苦地号叫"呀！呀！呀呀！"它拍打着翅膀，然后把它的脸藏进羽毛里，它（　　　）得很。（在停顿处师敲了两下桌子，把头垂下来）

生：（生非常兴奋地）沉默得很。

师：不对。

生：丧气得很。

师：是这个意思，但不是这个词。

生：沮丧。

师：真聪明，就是这个。

当教师读到鹦鹉开始讲话："早上好！出什么事啦？"让学生猜，为什么会这样问呢？读完三分之二，就让学生自己读书，画出自己认为写得很好的词，画出让自己感动的句子，并学会出题目，出选择题，自己要出至少四个答案选项。

很显然，这是学生未预习的教学，但是，这种教学较之前面教师不让学生预习课文进行的教学，已截然不同，前者不让预习是为了课堂上能让自己的讲解吸引学生，从而有兴致地讲下去，避免学生因知道结果而插话，使自己边讲边感到没味儿。设置的悬念通常也只是两种，一是讲到关键处不讲，引导学生自己学习课文；二是在重点处提出问题，让学生去思考。这样的教学是单一的，所有的学生围着教师的悬念，朝一个方向想，若是学生事先偷偷看了书，教学效果就大打折扣了。而李教授的教学，他有自己的教学理念，那就是认为，大量阅读，猜测性"阅读"，这要比精读细研的慢读更有效果，让学生在具体的语境中猜词，猜问，既调动学生原有的知识，又让学生思维相互撞击，进行选词、积累的训练，尤其是让学生自己出题，更是一种培养学生阅读能力的方法。他说："读书要猜，猜是一种很好的理解方法。"确实，这节课里的"猜"既能培养理解能力，又能提高阅读的速度，这样就提高了阅读的效率。课堂上，教师的敲桌子，夸张的表情，有趣的评价，让课堂极富感染力，用他的话说，就是"大大加强课堂的活动量，以提高学生对阅读的兴趣"。显然，这样的未预习的教学，要远远优于原先那种只当故事讲的教学。还可以这么理解，我们的学生预习是粗略的，他们只会注意文章的情节，还不能自觉深入到语言层面，所以即便是学生预习了，看了课文，也依然可以这样教学——猜词，出题，这是把发现问题与解决问题相结合，且由学习者来完成，长期实践，学生就会是一个会学习的人了。这要比教师问"哪个词用得好"的教学效果更好，比教师出题学生回答效果更优。

教学真的是无定法，看似不妥的方式，只要思想层次拓深了，方式稍稍一变，就有奇效，可见教学观念对教学行为的支配力有多大。如果老师们树立"让学"观，那么语文课堂就会发生重大的变革，课堂的主角就会由老师变为学生。

教学中的预习观如此，教学中的"提问"也是这样，"提问"也同样有教学观的支配。下面就来谈一谈课堂"提问"的"问题"观。

## 第二节　树立"有情境"的问题观

提问也有理论背景，不同的理论观念设计出的问题是不一样的，不同的语文教学观，设计出的问题就有很大的差异。

教学中，问题常常与情境关联，有问题出现就会有相应的情境，教师创设一种情境，便会有许多的问题潜藏其中。然而，问题与情境关联后的结晶——问题情境，便是一个既具有问题又具有情境的特性，同时还有了它本身的新意，也就是问题情境已独立为一个新生事物，不再是简单的"问题＋情境"了。

什么是问题情境观呢？还是用权威人士布鲁纳的定义来表述：一切学习都是在特定的环境里进行的。从这种意义上说，"问题情境"可以理解为具有特殊意义的教学环境。这种教学环境除了物理意义上的存在之外，还有心理意义上的存在。从物理意义上讲，它具有客观性，是一个看得见摸得着的教学背景，它可以是现实生产、生活材料，也可以是本学科的问题，还可以是其他学科相关的内容；从心理意义上讲，它充分反映了学生对学习的主观愿望，能激发学生的学习兴趣，能唤起学生对知识的渴求，让学生在学习中伴随着一种积极的情感体验，使他们积极主动投入到学习中去。在教学实践中，教师们更多的是关照了问题情境的物理意义，而普遍忽略了问题情境的心理意义。尽管许多教师在教学中都能主动积极地创设问题情境，也会在写论文时明确地提出"创设问题情境"这样的论点。然而，在实践中，我们还是经常看到这样的现象：有问题没有情境，有情境没有问题。

什么是没有情境只有问题的问呢？一上课就发问的问题是没有情境的，如对课题的发问：《小抄写员》，看着这个课题，你认为要突出哪一个字？为什么？看到这个课题你会想到什么？还有就是一读完就问，如：读了这段，你知道这段主要写什么？有哪些句子打动了你？在教学中凡是细碎的问题都是难有情境的，如：连绵不断是什么意思？小抄写员"忍住"，忍住了什么？这"忍住"说明了什么？还有直接联系的问题，如：《夜晚的实验》表现了斯帕拉捷打破砂锅问到底的精神，这对我们来说有什么启发？《小抄写员》，你想对叙利奥说什么？你要向他学习什么？这样的问题非常空泛，学习者并不需要怎么思考，就可以信口开河，无论你是做了很多的铺垫才发问还是你只让学生初读课文就发问，其答案并不会有多大的变化。

什么是有情境而没有问题的问呢？在教学中特别是课改之后，我们许多的教师都喜欢在课堂上让学生表演，那种没有思考性的表演就是有情境而没有问题，如：《小抄写员》课文中的这段对话多感人啊，让我们也来分角色对话，读出那种感人的情境。学生都没有思考，就进入了对话朗读。这就是有情境而无问题，本来是有问题的，被教师给抹了，因为要读出情感也不是一件易事，该怎么读呢？应让学生先琢磨、体会，想一想如何读才能读出人物的情感，可教师没有那么做，任务一下达就开始读了。还有就是那种开放性的问，如：这就是詹天佑的铜像，就是这位不怕……也不怕……毅然……的人，现在他就在你的面前，你想对他说什么？这样的情境似乎包含了问题，而实际上，教师要求学生"说什么"已是一个不需要思考就能说的"问题"，所以，教师好像是创设了问题情境，而实际上是一个无问题的情境。或者说这是一个具有物理意义上的情境，而不具备心理意义上的教学情境。

提出一个问题，如果又提供相应的情境，那么这个问题的解决会比没有情境的情况来得容易些；同样，要发现一个问题，在提供问题相应的背景下，发现问题要比空想来得容易。正是因为这个道理人人都懂，所以教师们在教学中才会努力积极地去创设问题情境。但是按上述的分析，似乎问题情境显得有些神秘，因为心理意义层面看不到、摸不着，只能感受到，因而好像很难把握。其实，只要教师有去思考这是不难的。小学课文中有一篇很好的课文能帮助我们理解什么是问题情境——《邮票齿孔的故事》。

1848年的一天，英国发明家阿切尔到伦敦一家小酒馆喝酒，在发明家的身旁，一位先生手拿着一大张邮票，右手在身上翻着什么。看样子，他是在找裁邮票的小刀。那位先生摸遍全身所有的衣袋，也没有找到小刀，只好向阿切尔求助："先生，您带小刀了吗？"阿切尔摇摇头，说："对不起，我也没带。"

那个人想了想，从西装领带上取下一枚别针，在每枚邮票的连接处刺上小孔，邮票便很容易地撕开了，而且撕得很整齐。

阿切尔被那个人的举动吸引住了。他想：要是有一台机器能给邮票打孔，不是很好吗？阿切尔开始了研究工作。很快，邮票打孔器造出来了。用它打过的整张邮票，很容易一枚枚地撕开，使用的时候非常方便。英国政府部门立即采用了这种机器。直到现在，世界各地仍在使用邮票打孔器。

在这个故事中，"先生，您带小刀了吗？"是一个小问题，没有小刀怎么办呢？这是一个潜在的问题，但是这个问题并没有构成心理意义上的情境，仅仅是一个问题而已，并不构成问题情境，可是当"那个人想了想，从西装领带上取下一枚别针，在每枚邮票的连接处刺上小孔，邮票便很容易地撕开了，而且撕得很整齐。阿切尔被那个人的举动吸引住了"，这时就构成了问题情境了，因为这引发了阿切尔的思考，即阿切尔对眼前的生活情境产生了探究的主观愿望，这个情境激发他的思考兴趣，唤起他对新生事物的渴求，使他积极主动地投入到"要是有一台机器能给邮票打孔，不是很好吗"的研究中去。这就是"问题的发现常常不是问题一呈现，情境也就出现，而是在问题之后有着相关的现象或事实的补充才构成了问题情境"。如教学这篇课文的第1段：1840年，英国首次正式发行邮票。最早的邮票跟现在的邮票不一样。每枚邮票的四周没有齿孔，许多邮票连在一起，使用的时候，得用小刀裁开。教师让学生读这一段，读完后问：读了这一段你读懂了什么？这一问有了问题，但学生读一遍还没有构成问题情境，就是说到此时，还是属于有问题而无情境。而当一个学生说"我读懂了邮票是在1840年才开始有的"，教师说"真会读书，第一句话就让你获得了这一信息"。另一个学生说"我还知道邮票最早是在英国发行的"，教师说"你心真细，一个'首次'就让你读懂了这一内容"。这两个学生的补充和教师的评价、引导,让所有的学生再一次自觉地读课文,此时,问题就有了情境,学生开始了细读细磨,从而发现"最早发行的邮票没有齿孔,使用不方便""有齿孔的邮票是在1840年后才有的"等。学生能不断地读出新的信息,就是这一问题已有了心理意义上的情境,而引发了学生的积极思考。这就是问题情境诞生的过程,说明问题情境不是有问题就有情境,确实是需要教师去积极地创设才有。没有问题情境的问题是不能提高教学效率的。

  问题情境的创设是很需要教师的教学机智的,只会发问而不知通过情境来帮助学生、促进学生的学习是不够的。如教师教学《司马光砸缸》时,讲到司马光砸缸是最好的办法,是最明智的举动,不想此时有一个学生恶作剧地说:"司马光砸破了人家的缸,是要赔钱的,能算是最明智的举动吗?"全班学生都望着教师,惊慌地期待着。教师听了很生气,认为这是一个很荒唐的问题,便及时批评、制止了这个学生的挑衅。这实际是学生为教师教学创设了问题情境,可是教师却没能感受到这个问题情境的意义,反而采用批评、制止的手段处理,让这个问题仅仅成为一个问题,而不能构成一个很好的问题情境。而另一位教师也遇到这样的尴尬,但他却略一冷静后说道:"你说得有点道理,不过请同学们议一议,一个人一生能赚多少钱,缸破与人亡哪个重哪个轻?"这一问立刻把学生引入思考中,原本只是一个问题,便在这一瞬转化成了问题情境,引发了学生的探究心理。一口缸能值多少钱,一个人一生赚来的钱可以买多少口缸?缸破了可以再买、再造,可是人死了却不能复生,不能复生与可以再造,救哪个更值呢?于是学生议论后,对课文的理解更深了,这就是教师的机智把原本只是一个问题——"司马光砸破了人家的缸,是要赔钱的,能算是最明智的举动吗?"通过教学机智,便立刻把这个问题转化为问题情境,而让只会观望的学生转入到思考与议论中,从而提高了学习的效果。

  可见问题情境在教学中的地位,可见教师们为何要提积极创设问题情境了。

  老师能创设有情境的问题,可是语文教学却要求学生学会提问,那么怎么引导学生学会提问,提出的问题也具有情境呢?

从上两节内容看，就会发现，一种观念的树立，会影响课堂行为的每一环节，预习观、问题观、解答观、作业观、练笔观等都是总观念下的行为观，树立"让学"观，课堂会从"被认识"走向"被理解"，师生观也会发生转变。下面从教材内容观谈一谈其对"让学"观的启示。

## 第三节 "让学"课堂模式之一：有师当作无师用

课堂里的老师有时不是老师，课堂里的学生有时都是老师，老师学生相互易位，角色互换。学生对作品的感悟真能激荡老师的思维，老师也不完全居高临下，是知识的权威，师生阅读结果真的具备了互补性。这就是本书阐述的语文"让学"课堂，成书前已用了十年时间探索，终于探索出"让学"语文教学模式——语文分享式教学。下面是"让学"课堂模式描述。

### 一、课堂里老师"不作为"

上课铃声响了，我走进课堂对学生说："今天我们一起学习经典作品《草船借箭》，请大家阅读课文，读出自己的理解。"说完，我找了椅子坐下，捧起书认真看起来。学生也跟着翻书，握笔，读书。

课堂里静静的，有的学生在读课文，有的学生带来了《三国演义》看这一节。不一会儿，有的学生开始说悄悄话；有的学生开始在课文中圈圈画画，写注释；有的学生看着书中的插图思考……又过了一会儿，有些学生开始写作，有的学生开始自己问自己答。我也合上书回想着公开课上那些教学本课的名师还有普通老师是怎么上这节课的。我听过的课都跳不出三种形式：一是特级老师上的"谈诸葛亮的笑"。在书本中所有人物语言描写，唯独只有一处有提示语"笑着说"，于是这个"笑"就别有意味，由笑引导学生在第1段人物谈话中进行心理填空，由笑引申出笑天、笑地、笑人、笑出智慧。二是普通老师上的"神机妙算"，抓住这一个词来理解人物特征，诸葛亮算人、算事、算天、算地，"算"出了人物的智慧。第三种教学比较特别，是用倒叙法，草船借箭事件已结束，曹操上当了很丧气，决定召集将领总结失败经验；而周瑜获得十万支箭很开心，也决定召开总结大会，为什么会胜。请学生思考：双方的会都会怎么开，会写出怎么样的总结经验文章，请学生写出来。

我的课堂会是怎么样的呢？我能跳出这三种模式吗？这取决于我的解读，还有我的学生的解读。我期待着。

一节课就这样过去了，老师没有教什么，连点拨一下都没有。就这么合上书本下课了。

## 二、讲台上"老师"发奇功

第二节课开始，我让出讲台，往旁边站，请学生上讲台当老师分享自己对课文的理解。

**小老师1：谈"诸葛亮有一颗与众不同的心"**

课文讲的是周瑜因为妒忌诸葛亮的聪明才智，想用三天造十万支箭来陷害他，诸葛亮将计就计，向曹操借箭成功，使周瑜心服口服的故事。

全文可以分成四个部分：一、写出周瑜让诸葛亮造箭；二、写诸葛亮准备造箭；三、写诸葛亮借箭；四、写诸葛亮借箭成功。

文章开头用一句话引出下文。第二部分写诸葛亮有着一颗与众不同的心，主要体现在以下几个方面。

不同1：在第2段，一般人面对突如其来的任务，都是想尽可能地推辞，可是诸葛亮却主动缩短完成任务的时间，将十天缩短为三天，他为什么这么做呢？突出了诸葛亮的自信。诸葛亮能在短短的时间里，想到应对的办法，侧面突出了诸葛亮的才干。

不同2：在第5、6自然段里。一般人想到借箭两个字，是一般意义上借用的意思，但诸葛亮的想法就是和别人不一样，让周瑜意外。诸葛亮心中的造箭是用草船"借"箭！

文章里的箭有两种意思，一是曹操的十万多支箭，还有一种是诸葛亮的箭。曹操的箭是有形的，而诸葛亮的箭是无形的。你们一定觉得诸葛亮没有箭啊。有的，他的有形的箭交给周瑜时，隐形的箭也同时交给了周瑜，周瑜马上意识到自己原来真的比不上诸葛亮。诸葛亮隐形的箭是智慧，诸葛亮的箭是告诉周瑜："不能忌妒别人，想要打败他，必须赢过他。"诸葛亮的箭深深地刺在周瑜的心中，让周瑜隐隐作痛。这又是诸葛亮的与众不同啊。

之前，我不明白水寨的意思，我猜可能是一个岛屿。后来，我想起语文老师告诉我们：有不懂的词时要联系上下文。后来我就按着这个方法，明白了水寨原来是曹军水边用于防卫的栅栏、营垒。

曹操是怎么上当的呢？诸葛亮的船队前行的时候，为什么曹军都没察觉呢？因为那天雾很大，而且天还没亮，大家都在睡梦中。为了引起曹军的注意，诸葛亮故意大声擂鼓大喊，让曹军误以为诸葛亮来进攻了，为了不让诸葛亮的军队靠近，曹军向船队射了十多万支箭。

"聪明反被聪明误"在文章哪里呢？在第8段。曹操在下令时，一定觉得自己很聪明：哈哈！你们一定被我射死不少士兵吧！可是，结果是自己被耍了。这里又体现出诸葛亮的神机妙算与众不同。

文章里的诸葛亮也有淘气的地方，在第8段中，为什么诸葛亮要吩咐军士们齐声高喊"谢谢曹丞相的箭"呢？因为诸葛亮是想气气曹操，让他知道自己被耍了，让他知道诸葛亮的高明。诸葛亮故意称曹操为曹丞相，实为讽刺他！

最后一段里的数字：二十条船，五百个军士，十万多支箭。从这些数字中可以体现出诸葛亮与众不同的才华。

**小老师2：谈"诸葛亮两次饮酒"**

本文讲了诸葛亮草船借箭一事，体现了他超出常人的智慧。文中，诸葛亮两次饮酒，两次饮酒都有不同的含义在里面，我就来谈这两次饮酒。

第一次饮酒在第2段中出现。从"喝了几杯"可以看出当时诸葛亮好像很急的样子。其实不是，他只是装成很急，好让周瑜更加相信他确实中计了。从这里看出诸葛亮十分机智，心理素质很好。一般人接受这种任务会十分着急，不知所措；而诸葛亮十分机智，一点儿也不慌，很自然地接受任务，说明他早就心中有数，却又装成很着急的样子，让周瑜看着得意。他做得这样合情合理，足以看出诸葛亮良好的心理素质。

第二次饮酒在"取箭"的时候。在曹军水寨边饮酒取乐是一件十分危险的事，随时可能被曹军捉住。而诸葛亮却敢在曹营边自由自在饮酒取乐，完全不把曹军放在眼里。从"又叫……一边……一边……"等可以看出。

鲁肃很吃惊地问诸葛亮："如果曹兵出来了怎么办？"面对这样危险的情况以及鲁肃的问题，他却是"笑着"说。他这么做是不是有点自大了呢？不是的，因为他算中今天有大雾，再加上曹操生性多疑，曹兵必不敢出来。这次饮酒反而更轻松自在，面对的是鲁肃，一个可以信赖的人，看他吃惊、担忧的神态，不由得笑了。

两次饮酒，一次是被请，一次是请别人，地点不同，对象不同，心态也不同。就因为诸葛亮了解对方的性格，又巧用天时，才能确保自己不会被对方抓去。从这里也看出诸葛亮神机妙算，他并不是自大，而是真的有神机妙算的本领。

**小老师3：谈"课文的结构与方法"**

《草船借箭》这篇课文在结构上有着许多值得学习的地方，如"双线并行""首尾呼应"等。

一、双线并行

《草船借箭》这篇课文有两条主线：一条是在明处的"借箭"，一条是在暗处的"斗智"。这两条线之间是并列的关系，却又相互依存。

明线"借箭"是诸葛亮向曹操"借"箭的过程。最重要的是"借箭"的一个过程。这个地方是明线与暗线的交汇点，又有着点题的作用，在文中非常重要。

暗线"斗智"是诸葛亮和周瑜之间的"斗智"线。这条暗线是建立在"借箭"这条明线上的，周瑜原想用"造箭"一事来羞辱诸葛亮，并让工匠减缓造箭速度，又不把造箭材料准备齐全，借此除去对手。可周瑜千算万算，却万万没想到诸葛亮会用"草船借箭"的方法出奇制胜。这场"斗智"的比拼中，周瑜的心胸狭隘令他惨败。

二、首尾呼应

《草船借箭》中有一个写作文经常会用到的写作手法：首尾呼应。

文章开头讲"周瑜看到诸葛亮挺有才干，心里很妒忌"；结尾是"周瑜长叹一声，说：'诸葛亮神机妙算，我真比不上他！'"这"呼应"在于周瑜情绪上的转变。同样的人，经历了一件事后，在面对诸葛亮的才干时，态度来了个180°的大转变。同一个人，不同的时间，对待同一个事实，有着截然相反的态度，这就是"呼应"所在。

三、写作顺序

本文是按事情发展顺序写的。利用事情的发展，来体现出人物的性格。

**小老师4：谈"做小事、重细节"**

细节决定成败，来谈谈诸葛亮借箭中的一些小事吧。

一、船的设置（青布幔子）

船上盖着青布幔子，可能是让船盖上青布幔子显得更古怪，达到迷惑曹军的效果，是诸葛亮的一个心理战术。也有可能这样让船更加隐蔽，不易被发现实情。最主要的可能还是为挡箭，获箭，如果箭没射在草把子上，有了布幔子就不易射到船舱内。

二、船的设置（草把子）

为什么要装草把子？为什么不让箭直接射在船上呢？还可以问为什么三国时期打了那么多的仗唯独草船借箭这一次才把箭拿回来利用呢？因为直接射在船上不易取出来，而且这样箭会损坏，其他战争在战场上没有安上那么多的草把子，草把子上的箭不仅容易取，还不容易损坏，再加上有这么多的草把子，船内的士兵不容易被射到，还保护了士兵。这是诸葛亮敢在船内放那么多士兵的原因。放上了草把子，真是一举三得，诸葛亮想得真周到！

三、控制数量

看了此文，读者难免会问：为什么只用二十条船，不更多一点，多多益善？这正好是诸葛亮神机妙算的地方，二十条船，不算多，少了二十条船周瑜很难发现，太多的话，不仅容易被发觉，还会导致船连在一起很难走动，即使动了也十分的慢，曹军一下子就追上来。每条船三十名军士，如果被追上了，那么这三十名军士将会性命难保，一条船三十名军士，若是用很多船的话，那会折不少水上作战的军士，万一曹军占领了这些船，船就会归曹军所有，那么多船白白送人，那么多精兵白白被杀，这结局当然是诸葛亮不想要的。

诸葛亮借到十万支箭与他的临场指挥离不开关系，与他本人的天文地理知识也离不开关系，可是如果这些小事情做不好，他真能借到十万支箭吗？

一共15位学生上台当老师，分享了自己的阅读成果。这是学生真正的会读书，这样的阅读理解不在老师之下，许多点都是老师不曾想到的。学生的理解不仅给同学带去思维碰撞，同时也给老师带来冲击。多少老师的解读都只停留在上面所描述的三种模式上，而学生的这些理解完全打破了老师的思维之框，学生成为可以跟老师平等交流的对象。那老师在课堂上做什么呢？老师就是帮助学生点评出哪里读得好，读出了发现，以后可以这么去读书；帮助总结思维方法，订正学生读误之处，可补充学生读得还不到位的点；引导学生思维激荡，在碰撞中激出新的感悟。

### 三、课堂上老师"何为"

实践运用语文教学不同于训练语文教学，训练教学中老师要不停问、讲、读，老师完全是教的权威，老师是很忙的，一定要有"为"，学生才能有所学有所获。离开老师的教，学生就不会学了。胡兰成在《禅是一枝花》中说"有师要想到无师时"。所以语文教学不能总是训练教学，而要有实践运用教学，就是学生在没有人指导的情况下，能把自己的已知充分调动起来，自己去实践阅读，运用已知去获得新知。那么这样的课堂老师要何为呢？其实，老师的作用就是：第一，把学生带向能实践运用的层面。在训练式的教学模式下，学生是不可能有这样的分享水平的。因此要改变教学形式，从训练中走出来，进入实践运用式教学，把学生带到自能解读文本的层面。我在十年的探索中，前五年当教研员，指导老师进行实践运用教学，在作文教学上已进入理想的课堂，但在阅读课文上，始终不能实现。后来自己到一线教学，依然从作文入手，前两年完成作文课堂分享教学，后三年进入阅读实践，现今终于把学生带入这一层次，每次都有惊人的收获。第二，如上面课堂描述，当学生已达到能实践运用的层面，老师之为就是指点，引导总结，分享自己的阅读和学生交流。第三，扩大学生的阅读量，把学生引向大阅读空间，经常分享阅读过的书或文章。

语文课程标准开头就说："语文是实践性很强的课程，应着重培养学生的语文实践能力，而培养这种能力的主要途径也应是语文实践。"虽说语文是实践性很强的课程，可是大多数的老师包括一些专家，都把实践性看成是走出课堂的学习，似乎在课堂里只有训导才能完成语文的任务。

学生在教师的教导下进行语文练习虽说也是实践，但是这种实践的局限性很大，把教师的训导落到实践中，就像是模拟战争训练一样，始终是一种虚拟的作战，难有真切感。用教学术语来说，这种学习被称为"授知"，而真正通过实践而获得的感悟，被称为"亲知"。胡兰成还有句话很适合教学："师不可止于只是传授经验，也要想想可如何触发学生的悟识，最好的师是有师当着无师用。"

"凡学术上的大学问都是自己悟出来的。"当老师的要铭记这句话，才能把握自己的教学。

课堂如此上课别开生面，学生如此水平，让人感叹，这样的能力，是在核心素养的观念下逐渐培养起来的。而培养学生到当下的水平，还得先探讨一下学生的阅读心理机制。

## 第四节 "让学"课堂模式之二：以综合性统整情境性与实践性

2022版语文课程标准第一次呈现了语文课程内容，提出语文任务群六大内容遵循"三性"原则，即情境性、实践性和综合性。在语文教学实践中如何在教学任务群六大块内容中，把这"三性"落实到具体的教学操作中呢？"让学"理念下的阅读课堂的"以综合性统整情境性与实践性"教学模式，恰好可以提供可操作化的语文教学实例。

## 一、"三性"诠释

1. 情境性。形象感性的语文离不开情境，理解词句需要情境，理解思想感情更需要情境，连上课提问都需要创设问题情境，有情境的教学更易激发学生的学习兴趣，也有更好的学习效果。创设语文教学情境，在以往的教学中基本是虚拟的情境，如通过语言描述创设想象性情境，通过视频播放情境，通过模拟生活表演来创设情境等。这些情境都是为教学需要而由师生或媒体手段而制造出的学习策略，学生很明确地知道这是假想的，是虚拟的情境。而本次课标提出语文学习情境，非常明确地强调真实的情境。要让学生在真实的情境中产生学习的内在需求，进而主动学习。这与以往的情境有所差异，以往的情境是激发学生的兴趣，在兴趣的推动下去学习，或者创设的情境是给学生提供形象参考，降低理解难度，达到提升教学效果的目的。而2022版语文课标提出真实情境，除了学生产生内在学习动机外，还要求解决生活中的实际问题，强调语文在生活中的实际运用，是把语文学习与生活实际紧密地联系在一起，突出语文能力和功用，着眼语文习惯与语文素养。

2. 实践性。课标自2001年开始就一直提倡语文实践，明确提出语文是实践性很强的学科，语文能力要在语文实践中培养。其实，任何一项技能都必须反复实践才能形成，任何一种能力，都是在形成技能后经历实践的应用才沉淀下来，上升为能力。同样，语文能力也好，语文素养也罢，都必须通过主体的反复实践才逐步形成、养成。虽然课标一直都提倡实践性，但是教师在这个层面打了折扣，语文实践只限于学科内的实践，即学生在字词句段篇、写作与口语交际的学习实践，较少去关注学科间的语文实践，更少关注语文与生活联系的实践。2022版语文课程标准提出用语文解决实际生活中的问题的实践，在这种真实情境下的实践，就突出了语文运用于生活的实践，把静态的语文知识变为动态的学习过程，强调语文的典型的生活实践。

3. 综合性。课程内容六大块的呈现组织形式是任务群，任务群出现的意义，实现教的突破——探究和研讨学科与生活结合的综合性；学的突破——综合、项目、实践。教与学的过程，都要求新的突破，而突破的形式之一就是"综合"，语文是学习其他所有学科的基础，语文要与其他学科综合，语文是母语，生活中无处不在，无处不需要用到语文，语文学习通过项目建构综合性学习实践就是学习的必然。

从"三性"的诠释看，情境性、实践性与综合性，是一体的过程，三者之间是交叉紧密联系的，语文课程内容六大块无论是哪一块的教学，都应该遵循"三性"教学原则，还可以把"三性"转化为语文的学习方式，在具体的实践中运用。下面举例语文教学中以综合性为线的统一教学实践。

## 二、"三性"落地教学课堂模式构建

语文课程标准中的"情境性、实践性与综合性"在教学过程中，如何具体落实到操作中呢？以四年级下册课本为例，本册书中第一单元课文《乡下人家》《天窗》与第四单元的课文《猫》《白鹅》《母鸡》可以整合教学，通过综合性学习创设真实情境，让学生进行应用语文的学习实践。具体过程示例。

1. 任务导向。我们班有不少同学家在乡村，也有些同学的长辈现在还住在乡下，有些乡下的房子不仅有前院后院，还有天窗、天井，天井边还养有鸭、鹅、鸡等家禽，或猫、兔、狗等，如果你的家就有或是你看到邻居、亲戚家有，请写一篇推荐文，我们依据大家写的推荐文章，开展一次参观学习。

2. 学习课文《乡下人家》感受乡村的美丽纯朴，自在悠闲的生活场景。课文是从房前、屋后植物的勃勃生机，美丽色彩，小动物的自由与乡下人的悠闲生活表达出乡下人家的美好生活。如果你想表达乡村的内容，你会想表达什么？选择什么素材来写？依据上次大家的推荐作文，下周六我们到乡村实地考查，看看乡村人家的房前、屋后，果树园林，看看乡下人老房子的天窗、天井，观察乡下人家养的家禽。为了能顺利完成本次参观活动，需要分工完成任务。全班 50 人，分 8 个小组，每组 6 人，剩余 2 人加上老师为总策划，即这次活动如何开展，跟谁联系，怎么走，要开展哪些活动，场地如何安排，过程由谁讲解，如何回来等，所有的细节由老师和两位同学写好策划书，提前为大家做好规划活动。

3. 规划各组分工安排：第一组提前联系参观对象，沟通活动细节，写出参观节目说明单，并写好感谢信，赠送参观感谢礼物（可以是同学们的画、作文或相册）；第二组提前联系交通工具（小组讨论如何联系，锻炼口语交际能力），写好出行说明，包含注意事项；第三组纪律监督组，写好倡议书，倡议大家整个过程要做到哪些，保证行程安全，不出意外；第四组写好邀请函，邀请学科老师一同参与活动，为行程多一道保障；第五组给全班写出一份出行行李携带说明书；第六组是参观活动之后的现场娱乐活动主持，写出节目说明，安排利用现场环境与物件、参观的内容进行即兴创作展示。

4. 全班讨论各级的作文（说明书），修改通过，并按要求执行。

5. 活动。要求选择一个点写一篇参观作文，可写乡下人家的环境，如天窗、天井、饲养的小动物，还可以写与学科老师合作的节目、成果，如现场作画、现场音乐配舞、现场的体育对抗赛等。

6. 活动成果展览。在学校或学校刊物晒出活动过程作品与成果作品，要有同学写展览说明，有同学写解说稿或解说录音。

7. 展览现场采访。采访本班同学，采访来参观的同学，采访来参观的老师，写出采访作文，做一份语文综合学习活动报。

这样的综合性学习似乎很复杂、难操作，实际不然，活动很容易开展，除了周六一天在校外，其余时间基本在校内完成（部分小组在联系工作时也在校外），学习过程很容易把控。

## 三、"三性"实践分析反思

在实践中，老师最初也认为这样的实践一个学期能开展一次就不错了，结果在语文教学实践中经历了一两次后，熟练了，半个月就能开展一次，学生乐在其中。下面就上述语文学习实践进行理论分析与反思。

1. 以综合性学习为线串起语文的实践性与情境性。首先是学科综合性学习，学生要联系车辆，多少部车划算，这是数学科与写说明文相结合；学生参观乡下人家，访问乡村历史，了解乡村建房的地理位置，这是语文与历史、地理的综合；学生现场画画，与音乐老师合作创作表演，与体育老师设计竞赛活动，则是语文与美术、音乐与体育的综合；活动之后，设计展览，做小报，这是计算机运用与语文的综合。其次是语文学科本身的综合，在活动开始就要策划，写邀请函，写感谢信、倡议书，与出租车公司、乡村人家联系，这是应用写作与口语交际的综合；参观要写作，学生会主动去阅读相关课文和网上相关文章，这是阅读与写作的综合。第三是身体力行的实践，比如到校外联系沟通实际上也是劳动，是学习与劳动的综合。

2. 真实的情境。活动中所有的情境都是真实的，都是为解决生活实际问题而发生的，写邀请函、感谢信、倡议书都是有真实对象审阅，不是只给老师批阅，口语交际的对象也非扮演的而是真实的单位，真实的人，解决的也是当下急需解决的问题，这让学生深刻认识到语文是有用的，语文真的是能解决生活问题，是生活不可缺少的一项技能或者说是生活的一部分内容。所有的活动最终都落实到自己的笔下，成为自己的作品，这些说明书、策划书、感谢信、邀请函、倡议书、探究性作文、记录性作文，或是展览成果感言、被采访的心得体会，都是生活真实情境中的结晶。这些成果能给学生带来高峰学习体验，学生对这种学习会上瘾。我们在实践教学中就发现学生主动要求从一个月一次的活动改为一周一次，由于老师的精力和时间分配有困难，最终设定为两周一次。

3. 语文学习的实践性。语文实践性是指运用"语文学科的概念、思想与工具，整合心理过程与操控技能，解决真实情境中的问题的一套典型做法"，学生在这个过程中养成语文学科素养。学生原先学习课文《乡下人家》可能只是用语言想象法学习，学习《天窗》可能只听老师的问，猜答老师的问题而学，学习《猫》《白鹅》等，只是在虚拟情境中接受知识。而经历了实际的观察，自己也需要表达生活所见时，对课文的阅读就产生了自主的探究了，学习从内而外，阅读是为解决自己表达生活的难题而进行。此时，因为内在产生需求，就能主动地"运用语文工具整合心理过程与操控技能，解决真实情境中的问题"。在这样的学习中，学生自己是有学习目标的，为了达成这个目标，他们会反复地阅读，会调用自己所有的已有操控技能，投入到学习中去，努力完成实际任务。

反思这样的语文综合学习，老师最初教学会有困难，由从来没有这样的实践到第一次实践是要克服一些困难的，一旦迈出了第一步，后面就会感觉不一样，就会轻车熟路地开展第二次、第三次。第一次需要注意的是，不能放手学生策划，因为学生刚刚接触，心里没有雏形，所以需要老师带着学生策划，甚至需要老师教学如何写策划书，在老师指导两三次后，学生心中就有底了，策划也好，外出联系与人交际也好，他们都会有路数，或想方设法邀请到能帮助自己解决问题的人，这也是一种能力。

如果把这样的学习同学生的家庭资源结合起来，有家长的支持，可以省去很多麻烦，那就更容易操作了。而这也是课标提倡的要开发家庭、社区资源的教学建议。

反思"三性"整合教学的最大缺点是：有不少学生因为语文基础跟不上，会灰心，全程活动只当观众，解决实际问题不积极，把自己当成活动的跟随者，交出的成果质量与他人差距大。这应该也是任何学习中都会遇到的问题，还好经历这样的学习，耳濡目染后，他们多少也会有些收获。不过在实践中发现，这些同学中，也有一部分在语文与劳动综合学习中劳动成果可观。他们出智少，出力却很卖力。毕竟这样的学习他们更感兴趣，更向往。

第四章

"让学"实践的可行与必行

## 第一节 阅读能力结构证明"让学"的可行

学生是否具备分享阅读的能力，在课堂里能否完成"让学"，可以先了解学生的阅读结构，从人的成长心理层面进行分析。

一个人的阅读效率与这个人的阅读结构相关，从生理上看，阅读的基本程序是：感觉登记→注意选择→理解记忆→应用创造。《语文教育心理学》里，依照这个流程把阅读能力结构分为四个层次，阅读能力结构由认读能力、理解能力、鉴赏能力和创造能力四个部分组成，而且呈明显的梯状结构。对这一结构进行分析，有利于语文教师实践"让学"的分享课堂。

学生在接触材料的第一时间里，就已基本实现了阅读——阅读材料的内容信息、语言形式与意境，作者的思想、感情与学生的思想认同、情感离合，在不同程度上都有了互往。这深深浅浅的碰撞，或多或少的收获是由什么决定的呢？是由学生的阅读能力结构及阅读者当下的情绪状态决定的。

**首先，阅读能力决定阅读状态。**

我们在课堂观察中发现，不少学生心猿意马，或是陶醉于相互打闹中，不是学生的学习态度不端正，也不是学生学习目的不明确，而是他们的阅读能力结构决定了他们注意力涣散。譬如有教师听课的课堂里，起初学生态度严肃，注意力集中，很想表现出自己的"好"，可是，当教师讲析或是提出思考问题时，一部分学生就开始走神，其原因之一就是他们的能力结构不适应于教师的问或说，于是就出现了与教学思路相游离的上课状态，这是学生课堂上的不自主行为，不能归因于学习目的或是学习态度，甚至于不能归因到意志力的薄弱上，而是能力结构决定的学习状态。系统的结构决定系统的状态，不同结构的系统或相似系统的结构层次不同，决定着系统与外界信息的互换程度，也决定着系统的稳定状态；反过来，系统的状态又会反作用于系统的结构，影响着系统是否可以不断打破原有结构，能否不断更新与上升。

系统的结构与系统的状态之间的关系，对我们的语文课堂教学有着很大的启示。《语文教育心理学》告诉我们，阅读能力是有结构的，且呈明显的梯状结构。学生的阅读能力结构处于何种水平，决定学生在阅读课上的学习状态，当众多学生的阅读能力结构处于认读水平时，那么以分析和综合教学法为主的课堂教学，学生就很难适应，若是教师进行鉴赏式的教学，那学生更是云里雾里，他们只能做自己的事，让老师自己陶醉去吧。

**其次，学生阅读结构影响老师的课堂驾驭。**

阅读能力结构决定阅读状态，阅读状态决定课堂的纪律，决定着阅读的效果。学生阅读状态良好的课堂，不仅学生学习情绪高涨，学习效果良好，身心愉快，教师也同样感到教学得心应手，轻松驾驭课堂，此时的教师可以全情投入教学，教学智慧时有迸发的火花。倘若学生在课堂上目光呆滞或心不在焉，或课堂乱哄哄的，那么，阅读教学的效果可想而知。关注学生的阅读状态是教师必备的基本功。在实践教学中，我们更多地关注学生对教材知识的理解与识记，这体现于教师教学法中的检查问题与新授知识中的提问问题的性质上，众多的检查问题都是检查学生的记忆；新授课里大多数的问题都是怎么理解的"为什么"。更为突出的是我们教师教学时的重心是在自己已准备好的教学内容、形式与程序上，走进课堂就是把自己备好的掏出来，很少有教师走进课堂，先观察学生的精神面貌，然后激发学生较好的学习状态，再想自己的教学程序；在教学的进程中，当观察到学生开始精神涣散时，更多的是采用批评的方式进行态度上的纠正，很少有教师分析学生学习状态不佳的其他原因。我多次进行课堂观察，发现课堂里的一些隐蔽问题，如教路与学路什么时候最容易分离——①课堂里突然爆出令人兴奋的事件或语言；②学生没事做时的听讲、听读；③教师提出的问题很长，学生听不明白或教师提出的问题超出学生的能力范围；④阅读能力越弱者越容易最先出"格"；⑤教师不科学或不艺术地布置学生小组讨论，或让学生表演的时机不对，学生是很容易转移注意力的。课堂群体的注意指向是教师与学生教路与学路统一的决定因素。那么教师能维持较好的学生阅读状态的因素有哪些呢？①与学生能力结构相适应的讲解与提问；②在学生大段听讲的时间里，教师的语言魅力、个人的姿态与神情是吸引学生的重要因素；③讲析内容的情节性与教师个人的投入陶醉程度也是维持学生良好阅读状态的因素。但是，最主要的也是最有效的还是发自学生内心的自觉性、自主性，而这自觉性与自主性又取决于学生的阅读能力结构，所以提高学生的阅读能力结构层次，应是教师在小学教学阶段最要关注的任务。阅读能力结构的提升最主要的是训练学生的阅读技能和扩大阅读量。

**其三，阅读技能的微格训练。**

阅读能力的提升是各种阅读技能综合作用的结果，如果阅读技能差，或是只会极少的某些方面的技能，那么阅读能力结构的提升无疑是极其困难的。所以教师有必要对学生阅读技能进行分格式的微格训练。即把阅读技能进行微格，然后带领学生逐一入格，连格，再引导学生创造性地出格，最后达到阅读技能的综合提高，进而促进阅读能力结构的提升，以便更有效地进行阅读教学。

怎么分格可以有不同的方式，如可以按阅读者的能力构成要素进行分格，也可以按作品要素的构成进行分格，如何操作要由教师自身长处来决定。这里，我们以作品的要素为分格的凭借，把阅读技能分格为：识字记词格、看题猜想格、析句释义格、解段联想格、互文修辞格、朗读感悟格、篇章结构分析格、读写结合格。看似很多，但这些是阅读课堂里每一节课都要面临的，是从心到情到行为的过程。学生阅读没有这些基本的技能，课堂上教师是不能怪他们不专注的，优秀的教师总是把这些技能训练无痕地在阅读教学中给学生以潜移默化的熏陶、感染，让学生在边对话、边读书中学会应用，而使阅读能力得到提高。我想，在大多数教学艺术还不是很高明的教师那里，还是要有意识地进行这样的技能格训练，会有更好的教学效果。入格是教给方法，出格是悟得方法，能自觉应用方法就是能力。所以，当我们没有润物细无声的熏陶、感染本领时，我们不妨采用笨拙一点的专题格训练，来达到同样的效果。

从目前学生的预习和考试的阅读能力测试看，学生阅读能力普遍很弱，基本没有学生达到第三层次的鉴赏水平，大多数是第二层而且是第二层的浅表，少部分学生还只是在第一与第二层之间。所以学生阅读能力急需提高，教师很有必要对学生进行阅读技能微格训练。这一过程可以关注学生是"有想阅读"还是"无想阅读"。

## 第二节 "有想阅读"："让学"的心理准备

学会阅读是语文教学的重要任务，一个老师如果在教学中不能想到学生要如何学习，而只想到我要怎么教学，那结果只能培养出"无想阅读"的学生。"有想阅读"实质就是学会阅读，有能力自读，有能力自教，教学应当向培养"有想阅读"迈进。

阅读效果在很大程度上取决于阅读者阅读时的心态，布鲁纳曾说："学习效果取决于学生对学习的准备状态和学习时的倾向。"阅读者阅读时的心里"有想"与"无想"，其阅读过程与阅读效果是截然不同的。所谓"有想阅读"是指阅读者在阅读前就对阅读内容有需求，对阅读有期待，有明确的寻觅目标，想从阅读中获取什么，阅读时就能主动关注，积极调用已有知识经验去主动建构。如为创作而读书，为证明某个观点的成立而阅读等，都是"有想阅读"。而"无想阅读"，就是阅读前，心如空杯，无想无求，对阅读内容没有产生定向性关注，没有定向要获取什么，关注什么，没有期待的阅读，当然也就没能主动利用原有知识经验去进行有效的建构了。如日常的消遣阅读，一些学生的预习阅读等，就是"无想阅读"。

当前，学生的阅读基本是"无想阅读"，学生捧一篇课文在手，不知要从课文中学习什么，他们预习也只是老师要他们完成什么任务就奔那任务而去，然后来个大打折扣地反馈给你。加上长期以来受内容分析式教学的影响，学生更是除了事件过程、思想意义和人物特征外根本就不再有其他概念。"无想阅读"背景下的阅读教学对学生的能力发展所起的作用几近于零。什么得法于课内，得益于课外，其实也只是老师们自欺欺人的安慰。阅读前的无想心态，造成上课时的被动等待，等待老师会给他们暗示或明示学习哪段内容，等待老师给他们提出一个个的具体问题，随时准备从课文中找出答案，以获得老师的赞许。学习完全没有阅读的自主性，老师说读就读，说画句子才画句子，说比较才比较，说练笔才写，说想象才想象，说讨论才讨论……学生的那种"灵性"都是在老师的指挥下诱发出来的。这种"灵性"并不能明白老师为什么要这么问，不明白为什么这一处是比较句子，而另一处是找词画句，而下一处却是朗读与讨论情感。他们只明白老师要答案了，老师要我们读这一处了，如此应付老师的课堂，他又能获得多少属于自己真正的发现呢？即便是老师总结说，刚才我们是抓关键词来理解人物特征的，以后大家在学习相似的文章时，也可以用抓关键词的方法去分析理解文章。这话好像是在教给学生阅读的方法，实际上却是正确的废话，因为什么是关键词啊，在陌生的课文里，词很多，哪个才是关键词？学生到了五、六年级，还要老师指挥，画出描写人物动作、神态、语言的词句，那三、四年级时老师就没有这么下过指示？这种最基础的阅读法还要老师特别提出来？这不正是说明阅读教学的无效吗？可见"无想阅读"要从课堂里清除，已是刻不容缓的事了。可是，我们老师却还在孜孜以求地乐此不疲啊。

"无想阅读"形成的根源除了教材本身有问题外，在很大程度上，是老师们的培养。在公开课上，老师为显自己才华，而不停地问，不停地讲，课堂是老师展示才艺的课堂，于是，舍不得把时间、课堂还给学生，学生成为配合教师完成才艺展示的托，从而形成了"无想阅读"课堂。而平时的课，老师们又懒于反复琢磨教学，简单上课，便用结构分析或内容讲解分析法进行教学，课堂问题充塞教学全程，学生被动接受学习而成自然。久之，就没有了自己"想着学"，只有"等待学"，老师教了、问了才学。课堂里没有自主建构的学习实践，能力是难以提高的。学习能力取决于学生的认知结构，按照结构决定功能的原理，认知结构没有变化，没有建构，却说提高学生素养，培养学生能力，岂不是笑话？

理论上说，学生最初的阅读是属"无想阅读"，但在老师的教导下应逐步转为"有想阅读"，即从不知学什么、不知怎么学到有能力想要学什么，知道怎么学；即阅读过程中学习者的心里会产生定向性学习期待。"有想阅读"体现在阅读定向中就会有这样的一些情形：如果学生想从课文中学一点东西去告诉别人，那他对要告诉别人的那些内容一定会学得很熟；如果一个学生想到课文中去学几招写作技巧，那他对课文的写法与结构一定特别关注，而能达到无师自通的效果；如果学生认为哪些知识可能要考试，那么他们就会对要考的内容加以注意，记得滚瓜烂熟；如果学生想要从阅读文章中获得自己与别人的谈资，体现自己有一点鉴赏力，那么，那些他认为可用来谈论的内容，就特别吸引他的眼球，最终他会比较省力地获得这些知识。总之，如果学生知道自己想要什么，就会在阅读时，心里产生定向性学习，直奔所需，也就一定能学到。这才真正体现学生是学习的主人，是阅读的主动者，而不是当前这种只会等老师下令后才跟着学习的被动者。实际中，为什么学生进入不了"有想阅读"状态，而长期停留在"无想阅读"层次呢？就如以上分析一样，需要老师改变教学观念，改变教学方法，不能总是想着巧妙戏法牵着学生跟着自己走。关于这些，还可以用"学习金字塔"理论来证明。

"学习金字塔"理论是由美国学者埃德加·戴尔经过实验提出的，该理论给出了不同学习方式下的学习效果模型。在塔尖，第一种学习方式——"听讲"，也就是老师在上面说，学生在下面听，学习效果是最差的，两周以后学习的内容只能留下5%。第二种，通过"阅读"方式学到的内容，可以保留10%。第三种，用"声音、图片"的方式学习，可以达到20%。第四种，是"示范"，采用这种学习方式，可以记住30%。第五种，"小组讨论"，可以记住50%的内容。第六种，"做中学"或"实际演练"，可以达到75%。最后一种在金字塔基座位置的学习方式，是"教别人"或者"马上应用"，可以记住90%的学习内容。

埃德加·戴尔提出，学习效果在30%以下的几种传统方式，都是个人学习或被动学习；而学习效果在50%以上的，都是团队学习、主动学习和参与式学习。许多孩子虽然聪明，解题能力强，但往往口才不佳，动手能力差。反思原因，刻板的文科教学方式难辞其咎，因此新时期的教学方式必将趋于丰富、多元化，教师必须多给学生创设可选择、主动参与学习的机会，加强活动型课程再造，这样才能提高学习效率。

转变"无想阅读"教学局面，老师们可以做如下一些尝试。

**首先，目标先行，任务驱动，线索阅读。**

对于还没有能力自主学习的学生而言，老师教学要有意培养学生从被动学习向主动学习过渡。一般而言，教师可以采用"目标先行，任务驱动"的方法让学生进行有线索的阅读。

布卢姆曾做过一个实验：对两个班学生的阅读进行对比，一个班级在单元教学之前就告之哪些知识可能会考，而另一个班级什么也没说。而后，学生们自己用一周时间自读课文，最后考试。结果被告之的那些学生相关的知识学习得特别好，他们就是以老师给的学习目标为线索进行阅读，每次以完成若干任务为学习时长；而另一个班级的学生则无目的随意阅读，不知要获取什么。所以，他提出："教学质量的要义是如何向学生提供线索，指导学生参与学习活动的程度……任何教师教学都涉及教学内容以及告诉学生如何学习的线索。线索是指导学生学习什么以及在学习过程中做些什么的指导。"关于如何呈现线索，他有专门的研究，这里不介绍。

在阅读的初始阶段，如果老师的教学目标只制定给自己看，学生并不知道自己要从阅读文章中学习什么，则只会盲目地等待教师提出思考问题，那么这些学生将永远不知道老师课堂上要传给自己什么知识，不知道不同的课文、不同的单元重点是什么，要学会什么。如果教师能在阅读之前告诉学生一篇课文要学什么然后教学，再过渡到告诉学生一个单元的学习目标，之后进行教学，最后学生就能自己制定一篇课文要学的目标，进而过渡到能确定一个单元的学习目标，"有想阅读"就是这样逐步培养起来的。这样的教学，学生在学习中是有整篇的概念的，不像等待性阅读，学生并不知道老师提的第1个问题与第20个问题之间有什么关系，为什么要提这样的问题，学生只有零碎的问题，离开课堂，他还是什么都不会，只记住老师提问某些问题的答案而已。

**其次，写作先行，写困后知不足，知不足而后阅读。**

当前语文课文是以单元为单位而编排的，每一单元内容都有相对集中的共性，被称为主题。主题最后会落实到学生的写作应用中，其规律是先读后写，学以致用。如果我们按顺序而教，最终的结果是学而无法用，即学生并不注意主题内容，更是难以快速转化，把课文单元主题的知识快速转化为能力并在写作中体现出来。倘若我们反其道而行之，先写单元主题作文，在学生反复修改几次而感到山穷水尽时，再引导学生去学文，从相似的主题课文中获得解救之法。那么学生这时的阅读就是"有想阅读"了，此时的课文很可能给学生以柳暗花明之效果，学生在写困后知不足的强烈情感作用下，阅读时便能把文章的思想意义与表达手法及文章结构联系起来思考。同时，调用自己的已有知识，主动去获取课文中的写作方法，在顿悟后，再返回写作，作文就上了一个新的台阶了。这样的课堂，老师就会从一个牵引阅读者变成一个阅读的促进者了。

当然，并不是所有的单元主题都与学生的生活、学生的心理联系密切，有些主题可能不适合于用这一"写作先行"之法，如人教版（旧版）第八册第四单元的看图作文，虽然都是以战争为主题，但写看图作文与阅读单元课文在写作形式上相离甚远，学生是难以从课文中获得写作困惑的解码需求的。因此，写作先行，需要老师认真备课，先找好读写结合的接合处，再思考课文在多大程度上能给学生写作提供支持，产生影响，由此来确定，是否可用这一策略。如第八册第一单元就可以用这一策略，写《校园里的春天》，是可以从《桂林山水》《七月的天山》中获得写作上的启示的。

其三，作者先行，自组内容，分享阅读。

学生能"有想阅读"，标志着自觉能力的提升。这时，老师可以依据学生的个性和课文的特点，以与他人分享为学习的动力，引导学生自组单元学习。如作者先行法：学习某一作者，教师可以引导学生把这一作者相似的文章找来阅读，从中归纳出这一作者在某一文体下的文章的风格；或是在读节选文章时，找到原文，从大的背景下来阅读。

作者先行法组织阅读内容，会让学生获取"探索作者写作风格，同类文章的风趣，揭秘作者某一时期的生活与思想背景，获取相关文章或某一时期作者创作的艺术特色等"——"有想"内容。如学习《花的勇气》前，可引导学生去读《维也纳春天的三个画面》，让学生读出作者的风格——字里藏画，"工笔"描写法，每篇散文都用卒章显志法。在此基础上，再引导学生读冯骥才的《珍珠鸟》《刷子李》，学生此刻的阅读便是"有想"的，他们会调动自己的最大努力去获得自己的感受，而后，就有内容可以与同学们分享了。

萨特说："你在阅读时你在猜测，也在期待。"这是"有想阅读"的良好诠释。"无想阅读"则什么也不想，仅是泛读课文而已，我们要快速将学生引出"无想阅读"的泥淖。

理解了学生的阅读心理,老师就能较好地进行分享式阅读教学,实践课堂"让学"教学。下面一起来分析,阅读教学从"教学"走向"让学"是必行之路,语文教学不能再停留在"教学"层面了。

# 第三节 "让学"是在培养学生阅读的高阶思维

语文课堂里,老师常常用提出问题的方式来引导学生思考,而学生回答问题时,一般都是从课文里找出信息回答,用生活体验猜测问题答案,简单地组合课文句子回答,很少有深度的思考,短时间里也不可能有深度的思考。语文核心素养下的课堂,要求培养高阶思维,学习有深度,而深度需要从课堂问答式教学开始转变。深度学习需要高阶思维的介入。

什么思维是高阶思维?当前较被认同的定义为:高阶思维是指发生在较高认知水平层次上的心智活动或较高层次的认知能力。高阶思维是建立在低阶思维基础上的,它的核心就是要培养"十大"高阶思维能力,即:问题提出能力、问题求解能力、决策能力、批判性思维能力、信息素养能力、团队协作能力、兼容能力、获取隐性知识能力、自我管理能力和可持续发展能力。

杜威说:"思维过程是一种事件的序列链,这一生产过程从反思开始移动到探究,再到批判性思维,最后得到比个人信仰和想象更为具体的可证实的结论。"从杜威的概念描述中,我们可以获得这样的理解,学生读一两遍文章提出的问题是不可能动用高阶思维的,也就不可能有高阶思维的结论;我们在教学中让学生读你指定的课文段落,齐读或自由读一两遍,就开始教学,开始提问,也是无法培养学生的高阶思维的。学生的高阶思维是在反复的品读中,在解释、推测、分析、综合的思维过程有了几个来回,开始进行反思性关注,大脑中有了课文理解的序列链了,这时候才能产生高阶思维。

由此可以得出高阶思维的产生条件：①使用抽象的思维结构。②将信息组织成一个整合的体系，具有能够产生多种解决方法，运用多种标准，自动调节思维要素的思考过程。③应用合理的逻辑和判断准则，在联系中获得思考结论。

由此来反思我们的阅读教学，学生对阅读内容仅仅是熟悉的基础上进行的教学，是无法培养其高阶思维的。而且退一步说，如果老师在备课中，对阅读内容没有进行七八个来回的品味，也同样不可能产生高阶思维，一个教师自身都没有高阶思维的介入，又怎么能激发学生产生高阶思维呢？

与高阶思维相对的是低阶思维，即我们常说的低层次思维，读书读在字面上的思维。用一个不很恰当的例子说，就是如同下棋，有人下棋只看到眼前一步，走一步思考一步这叫一步思维，有人走一步并想好后面要走的两三步，这就是低阶思维，有人想好七八步才走一步，这叫高阶思维。就是说低阶思维是顺着思考的，先走一步，但后面两三步也想好了。而高阶思维是逆着思考的，想到七八步后才决定走眼前的一步。从这个例子出发，我们来看阅读思维。

依据上述的定义和杜威的描述，我们从字词、句、段、篇上来分析高阶思维与低阶思维的差别。

1. 字词理解中的高低思维比较。

字词在阅读中常常有字词独立时的意思，字词在句子中的意思，字词在上下文语境中的意思，字词在表达主旨时的显性或隐性意思。如《慈母情深》一文中的"震耳欲聋"的理解，低阶思维的理解是声音非常大，很嘈杂。教师的教学会帮助学生提升到"工作环境嘈杂，工作条件恶劣"这个层面。但如果是高阶思维，则会联系上下文和文章表达的主旨去理解，即能在这样的恶劣环境中坚持工作，表达出母爱的坚韧，以及暗示"我"对书想到失魂落魄的程度。具体可以这么分析。

震耳欲聋可以从七个层次去思考：①字面意思：形容声音非常大。②句子中意思：工作环境嘈杂。③反映意思：工作条件恶劣。④上下文语境意思：自己待一刻都感觉难受与母亲却长期待在这里对比，体会母亲的辛苦。⑤主旨意思：如此辛苦与恶劣的环境，却不弃工作、不舍离开，母爱的坚韧。⑥

暗含意思:"我"是来要钱的,可是感受到这样的环境时开不了口,说明"我"的心里感受到母亲的艰难了。⑦联系文脉逆思维:虽然"我"心理发生变化,可"我"还是吞吞吐吐地说出要钱来。怎么这样不懂事呢?原来"我"想书已想到失魂落魄。于是由"震耳欲聋"引出了"失魂落魄"这个词。两个词共同表达作者要表达的情感。用图表示如下。

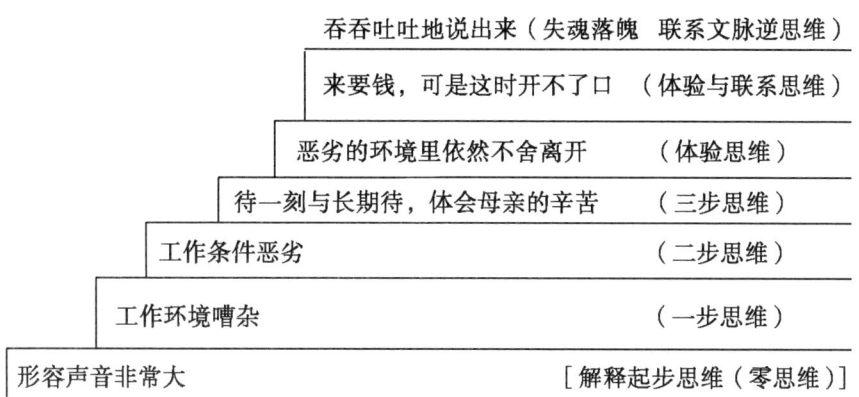

从字词的比较中,我们会发现低阶思维是刺激-反应思维,是短促的,思维发生时很短,持续性差,而且动用的能力少,较为简单。而高阶思维有着层层推理,持续时间长,反反复复,有联系,有体验,正向反向监控着思考。

2. 句子理解中的高低思维比较。

不说学生自己素读时会是怎么样的思维,就说老师在教学中是怎么培养学生的思维的,低阶思维的教学常常是把句子切断,进行分段的割裂思考,比如《自己的花是给别人看的》一课中有一重要的句子:"人人为我,我为人人,这种境界颇耐人寻味。"低阶思维往往是这么教学的:"这种境界"是指什么境界?"耐人寻味"是什么意思?这里是指什么耐人寻味?于是就解释为何不是"我为人人,人人为我?而是人人为我,我为人人"。用我们的惯性思维去理解这个句子,老师让学生用"只有……才……"来套着这句理解,即"只有我为人人,才能人人为我"。即使是这么解释了,也未必解出本句在文章中的深刻含义。

而高阶思维的理解却是经历这样的过程:"人人为我,我为人人",是在前文的叙述中总结出这一句的，所以要联系前文理解，首先是课题"自己种""别人看"，而自己又看别人的，这个自己与别人放在一起，在课文的叙述中已经是相对性的，自己是别人的别人，别人可能是别人眼里的自己。其次是"奇"，三次重复"家家户户"，五个"都"足以说明"真切"，也说明一个字"奇"。接着是养花的位置奇，都养在临街的窗户外面，这有别于中国人养花的用意，所以作者"奇"了，自己养着却不是自己欣赏，而是给别人看。理解了家家都爱花、都种花中的五个"都"字背后表达的是"一致性，共同性"，不就是为他人想的，想他人的"同理心"吗，于是课题"自己"与"别人"的辩证关系就出来了，在屋里是自己，在屋外是别人，可是自己走在屋外呢？大家都想着花让别人看，在一致性、共同性之中，就没有了你和我，没有了自己和别人的区分，一个感慨"人人为我，我为人人"也就水到渠成地抒发出来了，也就耐人寻味了。这是真切的感受与体验，而不是有意的议论，在同一性中也就不必去探讨谁先谁后的顺序关系了。

3. 段落理解中的高低思维比较。

段落理解和句子理解相似，低阶思维的过程常常是就段论段，只求本段各句的意思，全段的意思，是一种单一的理解；而高阶思维的理解则会联系全文，联系主题及生活实际，运用多种思维方法而获得结论。比如《中彩那天》中的第2段："父亲是汽车修理厂的技工，技术精湛，工作卖力，深得老板的器重。他梦寐以求的是能有一辆属于自己的汽车。"低阶思维的阅读结果是本段介绍父亲的身份、工作和梦想。这个梦想为后文改彩票时的心理矛盾埋下伏笔。而高阶思维则会与上段联系，技术工，进一步说明家境不富裕，也暗示买车之难。身份表明社会底层人物，身份与工作收入提示彩票对他的意义，也为下文改彩票提供理由，"技术精湛，工作卖力，深得老板的器重"好像是句闲句，实际上很传神，一方面证实爱车，与上下文联系；另一方面暗示为人，是后文心里挣扎的要素之一。一个整天与车打交道，对车熟悉到能任意拆解的人，对车的渴求必然超出一般人。这就更为后文做了有力的铺垫。短短的一段，却是理解一篇文章的抓手，理解这些，也就理解了编者加上这一段的用意。

4. 篇章理解中的高低思维比较。

对篇章的理解中的高低思维分析起来比较长，我们就简单地说，比如《桃花心木》一课的理解，低阶思维是理解借物喻人，即把作者议论的那段话作为全篇的主旨，即树的成长与人的成长关系。这是一种非常单一的理解。而高阶思维则会从作者一贯的思维方式出发，即作者善于从生活的小事中悟出大道理这一点出发，我们可以通过阅读获得举一反三的成果。

成果一：获得规律的正确认识，任何事物都有自身的规律，规律是不同的，不可用此规律去套用彼规律，否则就会陷入迷茫中，甚至产生认知上的偏差。

成果二：树是那样，人也是那样。这只是作者的感悟，是作者的引玉之砖。这是从树与人的对应关系获得的。如果我们跳出这个思维的框框，从种树人的角度去思考，就会发现，教育也是这样的，种树人育树是这样，教师育人也是这样，不同的人是有不同的成长规律的，虽然有相同，但个体差异的规律也是很重要的，要找到个体的不确定因素，才能更好地施教。再思考父母，作为父母是不是也要有种树人的思维和育养的方法呢？

成果三：任何感悟、哲理都不会是凭空而至的，也不会被那些不观察不思考的人发现。本文的行文思路：观察——生疑——解疑——感悟。按此归纳就是主要内容。但如果只得到主要内容，就太可惜了，因为这个思路正告诉我们发现规律的秘诀，认识道理的一般途径，只有在生活中学会有目的地"观察——生疑——解疑——感悟"，才能获得常人不曾发现的哲理，学会辩证思考。

比较阅读中高低思维的不同，就可推知阅读过程的不同，阅读状态的不同；同样，教学过程也就随着个体阅读的不同而要有不同的策略，才能培养高阶思维。

第五章

预习作文:"让学"课堂的策略

实践"让学"课堂，关注学生的语文核心素养，培养学生的高阶思维，从何入手，有何具体的方法呢？实践中探索发现分享阅读教学是非常好的方式，而进入分享式教学的前提是指导学生学会写预习作文，再进入撰写文本解读，便可达成目标。所以预习作文是实现"让学"课堂的良好策略。

课程改革一再要求把课堂还给学生；语文课程标准也一再提倡语文能力是在语文实践中获得的，老师不能用自己的理解去替代学生的实践。如果我们上课不让学生在阅读文章里走上几个来回，获得自己或深或浅的理解，就按自己的教学计划进行教学，不就是用自己的思路代替了学生的实践吗？所以，撰写预习作文，就是让学生发挥自己的前阅读能力，去理解新课文，读出自己的感悟，读出自己的发现。学生有了亲历亲为的切实体验，交流这种体验，老师从中发现学生的现有发展区，教学就只教要教的，只问真要问的。不仅教学的针对性强，而且学生真发挥了潜能，学习就成为他下一步预习长本领。从预习笔记到预习作文，是教师指导预习质的突破，也是学生阅读实践能力的飞跃。然而预习作文却鲜有教师实践，老师们还很难想象实践教学中指导学生写预习作文带来的效果。预习作文：一种新型的阅读写作，一个期待你开垦的分享教学新领域。

## 第一节　改变你的课堂：从预习开始

我读了＿＿＿＿课文，课文里的好词有＿＿＿＿。好句有＿＿＿＿。
全文主要讲了＿＿＿＿＿＿＿＿＿＿＿＿＿＿＿＿＿＿＿＿＿＿＿＿＿＿。
我读后的感想是＿＿＿＿＿＿＿＿＿＿＿＿＿＿＿＿＿＿＿＿＿＿＿。

我们把这种老师给学生设计的预习作业格式，称为预习笔记。

我们把学生自己的随性阅读、品评的结果，写成作文的形式，可能是对文章内容的感悟，也可能是对文章结构、方法的品析等称为预习作文。

从预习笔记到预习作文，两个字的改变不只是提法的改变，更是思想观念的改变。写阅读笔记的教学观是要让学生在课堂上听老师的讲解、对答更顺利。写预习作文的教学观是课堂上有了自己的理解才有了对话的基础，课堂上才能真正平等对话。如果老师深入理解课文，而学生却只是面上的字词理解，师生是不平等的，不平等又怎么能对话呢？课堂对话就成了空话。所以写预习笔记的课堂，学生只能当学生，永远在老师这棵大树下生长。而写预习作文的课堂，学生可以和老师一样拥有自己的理解，课堂是各自理解的碰撞，是个人自学能力的交锋。这又产生了教学形式的改变，个人的学习是在课前的预习上，课堂教学是大家思想分享、碰撞，相互启发与提升的过程。由此，我们一起来探讨怎么指导学生写预习作文。

## 一、怎么指导学生写预习作文

预习的指导方法很多，相信不同的老师都会有自己特色的指导法，这里简单分享通用的方法。

1. 批注法。先边读边注，然后边读边思考，联系生活实践，联系上下文，联系查阅资料写"批"，最后，把批的与注的有机联系起来，构成一个连贯的整体——作文。如《钓鱼的启示》，一个学生通过批注而写了这样一段话：从"沮丧的孩子"到"著名的建筑设计师"可以看出作者变化很大，同时也说明了父亲的教导是对的，使作者终身受益。父亲教育"我"的道理，帮助作者解决了各种道德困惑。作者将那些违反规则的行为、诱惑人的招式比喻成鲈鱼，很恰当。假设你是一条鱼，那些诱惑人的东西就是鱼饵，你咬了，就毁了一生。你弃之不理，就成功化解了一道难题。把钓到的鱼放回湖中，就是你误中了诱惑，马上改正，也是好样的。一条鲈鱼的舍弃换取了作者一生的获得，可见道德的重要性。

2. 课题追问法。如：课题是什么意思？你是怎么理解的？课文中真是这个意思吗？

看完课文后合上课本，回忆一下主要写什么，哪些内容印象最深？为什么这些内容会印象深刻？如《草船借箭》一课，学生合上书本就对"谢谢曹丞相的箭！"这句印象最深。这时就要问：为什么这里会给自己留下最深刻的印象？诸葛亮是真的谢谢还是嘲笑？如果是真谢谢那是指什么？如果是嘲笑那又是指什么？作者是怎么表达这个句子而让我留下深刻印象的？如此问下去，就是研读课文，把这些内容连起来就是阅读作文，必然就有自己的理解了。

课文是否有中心句（词）或关键词句？如果有，课文是怎么围绕这句（词）写的？课文结构有何特点？如《一夜的工作》里的"工作劳苦，生活简朴"就是关键词，可以追问而深入理解课文。

3. 课文球心重演法。任何文章都有作者要想表达的一个核，这个核有时在课题，有时在文章中，找到这个核点，进行全息重演律中的重演，就能解透通篇。如《将相和》中的"他蔺相如只凭一张嘴就爬到我的上面"就是球心，由此可以贯通全文。

4. 背景资料支持法。就是参考作者资料或是作者写这篇文章的特定状况，或是采用原文与改文对比读法，从中悟出自己的理解。如课文《匆匆》，作者的写作背景：《匆匆》写于1922年3月28日，时是"五四"落潮期，现实不断给作者以失望。但是作者在彷徨中并不甘心沉沦，他站在他的"中和主义"立场上执着地追求着。他认为："生活中的各种过程都有它独立的意义和价值——每一刹那有每一刹那的意义与价值！每一刹那在持续的时间里，有它相当的位置。"这样的介绍，有助于我们对课文的理解。

我个人觉得，最好的方法是，老师自己是怎么阅读开悟的，把这个过程跟学生分享，效果最好。如学习课文《童年的发现》，我开始一直是读课文中"我"的发现，"我"为什么会有发现？"我"是怎么发现的？后来想，作者的发现是什么？那么读者的发现又是什么？我们能否从课文中获得发现呢？于是再阅读，就发现了自己的阅读理解——对《童年的发现》的发现。把这个分享给学生，学生也会得到启迪。

方法很多，可能学生也有自己的方法，比如，我问一个学生，"每次预习交流，你都有独特的理解，你是怎么读出来的？"他回答说"我就是反复地读，常是读到13遍或16遍时，突然间就开悟了"。这是学生的道白，完全真实。

## 二、预习作文写到什么程度，取决于老师的教学观念

如果老师认为预习会让学生对课文失去神秘感而冲淡自己的教，那就可以不让学生预习。这样学生课前就没有自己的阅读了，全凭课堂中的听或课堂阅读。

如果老师认为预习只是为了让学生先扫清字词障碍，让上课更顺利，这种预习几乎等于没预习。学生只是在字面上打个转，好的会去查查字典，懒的则看一遍，不会去写作文，对课文知道个情节也就罢了。

如果老师认为预习可以让课上得更流畅，老师提问，学生能答得快，师生配合好，课堂精彩，那么预习就会让学生完成一些作业。预习仅仅是老师问题的提前思考，而不用写作，学生就不会尝试用自己的心力去解读课文。

如果老师认为预习是自己上课的凭借，以此知道自己该教什么，该用什么方法教，那么预习就深入了。这样的老师课堂上会先让学生讲自己的阅读收获，从中知道学生理解到什么程度。这有利于学生自己去尝试阅读，让学生亲自经历阅读的过程。

如果老师认为预习是学生阅读能力的应用场，是对学生阅读能力的检测，课堂不是教堂而是学堂，那么预习的意义可就大了。老师对预习的要求就比较高，预习会有一定的形式。这样的老师课堂上主要是教授学生怎么"渔"，让学生学会"渔"后，自己能猎"鱼"。猎鱼的形式也就因学生而异，预习作文就会呈现百态。

## 三、写预习作文的作用是全面的

预习是综合性的，预习作文把阅读和作文联系起来，成为一个整体，这个整体的威力大于字词句段篇或听说读写的分项练习。学生语文能力的发展是整体性推进的，不会造成一个学生朗读不错但其他方面却很令人担忧的结果。一个学生写一篇预习作文，他要运用课文中的词语，要引用课文中的句子并且进行分析，还要谈课文的结构与写作方法，一边谈方法，一边就在用

这种方法，真是字词句段篇全都用上，而且是写作式的运用，不是考卷里的积累再现。朗读作文时，那又是听说读的综合练习。预习作文分享真正做到了不以老师的解读替代学生的阅读实践，老师真正成为课堂的组织者、促进者和评价者。老师在课堂里教学的时间很少，有时课堂里只讲两三分钟，有时会讲七八分钟，当然有时也会讲三十几分钟，但很少问、导、读，牵着学生走完全堂课。在学生学会写文本解读的阶段，老师的指导时间会长一些，当学生能有自己的解读，能写出所以然后，老师就把课堂交给学生了，课堂里就会出现多个老师，教学不是我教你学，我问你答或你问我答，而是交流、碰撞、新悟。这时候没有谁是老师，谁是学生，学生可能是老师，老师也可能是其中的学生。讲台轮流上，板书轮着写，听、说、读、写、评的能力一显无遗，评价是整体衡量的，这能真正评价学生的语文综合能力，语文的综合素养。

总结一下，预习大约有以下几点意义。

1. 是学生上课前的心理准备、知识准备、技能准备和期待准备。
2. 是老师上课的内容、方法、组织形式等的选择依据。
3. 是学生自我阅读能力的检测方式。
4. 是教师判断学生阅读水平的综合评价方式。
5. 是课堂能否真正合作与对话的前提条件。

## 第二节　预习作文：寻觅教学的"缺口区"

学生学习不是零起点，他们会用前期学到的知识去理解课文，会用多年的生活经验去联想课文，他们对课文理解到什么程度，他们最关心的是课文的什么，老师是一定要知道的，然后才能教学。如果没有发现学生的这些就施教，那教学就很盲目。所以，教育家才说——教学首先要知道学生已经知道了什么，还不知道什么，而课堂教学，老师提一个问题要十几个学生回答，这样的教学是无法知道学生是怎么读书的。要想知道学生怎么读书的方法，就是让学生记录自己的阅读过程，而这个记录就是——预习作文。

一个学生写了预习作文，老师就可以从中发现他是怎么读书的，他是关注文章的内容还是结构，读书是读得细致还是粗糙等，学生的思维过程就暴露在老师的面前，这时，老师就能发现学生学习的"缺口区"在哪，应该教什么和怎么教就确定下来了。

## 一、预习作文只有词句和主要内容，缺口是不知阅读要读什么

当学生预习《窃读记》时的预习笔记里只写着以下内容：

词语：贪婪、隐藏、支撑、倾盆大雨、饥肠辘辘。

好句：你们是吃饭长大的，也是读书长大的！

课文主要内容：本文主要写了作者放学后急匆匆赶往书店，藏身于众多顾客，借雨天窃读，到晚上才依依不舍离开的读书过程。表现了作者对读书的热爱，对知识的渴望。

这样的预习就足见学生没明白一篇文章要学些什么，不懂阅读是学生最大的缺口。于是老师要教学生怎么理解文，从课题"窃"着手，具体如下。

1. 课题是什么意思？我是怎么理解的？课文中真是这个意思吗？

2. 看完书后合上课本，回忆一下主要写什么，哪些内容印象最深？为什么这些内容会印象深？

3. 课本是否有中心句（词）或关键词句？如果有，课文是怎么围绕这句（词）写的？

4. 你从中感悟到什么？

提出四点后，就按这个步骤进行学习，开始可能会很茫然，但慢慢地学生会发现学习有路了。这时候的教学，重点不是教课文的意思，而是要重点告诉学生读一篇课文要读出什么，怎样读才算是真的读懂了课文。只记住某一篇课文是什么意思，是很狭隘的，要以此类推，让学生明白读每一篇课文都要怎么读，读到什么程度，才算是真正读懂了课文。

**二、预习只会写文章的故事情节，写读后感，缺口是不懂学语言和方法**

预习《地震中的父与子》，当看到学生这样的预习结论，就知道学生只知理解意思，而不懂其他。

父爱的承诺

美国洛杉矶发生的地震使许多人受到了伤害，然而在这一场无情的地震中，本文却为我们讲述了一个感人的亲情故事。

这位年轻的父亲冲向儿子的学校时，那一片废墟显然是没有希望了，刚开始这位父亲也是痛心疾首地跪在地上大哭了一阵后，他猛然想起了自己对儿子的承诺，"不论发生什么，我总会和你在一起！"可以说，就是这么一句承诺有了父亲挖掘孩子的信念；就是这么一句承诺，父亲有了力量的源泉；也正是这一句承诺，才有了儿子被瓦砾掩埋后仍乐观地坚信爸爸一定会找到自己。这样一对有着特殊约定的父子，在危难关头，都心系他人。这位父亲挖掘过程中，许多家长无动于衷，甚至对这位父亲的做法感到不解并加以劝阻，他们和父亲一样，都爱着孩子，在目睹这片废墟时，他们也痛苦至极，并且大喊，表达出了自己悲伤的失子之心，然而伤痛不如行动，他们为什么不抱着最后的一丝希望去救出自己的孩子呢？但我想，或许是他们少了力量啊，所谓的力量，就是他们少了一个对孩子的承诺，少了一个对生命的约定。就如同我们的学习，若只有目标，没有实际行动，那永远都不可能会有成就。

像这样的阅读，老师就要引导学生学会理解文章的结构和表达方法，如文章中的对比法，文章中的叙事与抒情，文章中作者数据的精巧使用等。

**三、预习只顾文章的主要内容和各段的意思，缺口在不懂品词析句**

有些学生写出来的预习作文很粗糙，只有主要内容和各段的意思。这样的预习作文老师就可以判定学生只会关注内容，不会品词析句，这是老师们长期教课文而非教语文留下的后遗症。针对这样的学生，老师要指导学生学会作批注，学会联系上下文理解词句，学会边阅读边自己提问自己。如下面这篇预习作文。

狼牙山五壮士

  这篇文章主要讲述了五名战士为了掩护连队转移，英勇杀敌，最终壮烈跳崖的故事。

  文章开头简洁交代清楚了故事发生的时间、地点和情形，写出了形势的紧张和敌人的凶狠。

  接着写看似艰难的抉择摆在他们面前，赶上大部队，但连队就有危险。但如果走向狼牙山，就必定是死路一条了。面临生死抉择，班长毫不犹豫地把危险留给了自己。这是多么舍己救众的伟大精神啊！

  第四段中写道，五位战士正面临着绝境。没有弹药，又有队员负伤，在这危难关头，他们利用石头充当武器，剿灭了数以十计的敌人。"屹立"原本是形容雄伟高山的词语，但文中却用于形容人。说明了五位战士的崇高与伟大。"胜利的喜悦"写出了壮士们见部队前进的方向而由衷喜悦。即使牺牲自己的生命也在所不惜，升华了文章的主题。

  最终五位壮士昂首挺胸，悲壮地英勇跳崖。这时这坚强不屈的声音振奋人心！

  针对这样的预习作文，老师要指导学生细致地读书，如"拖住"和"痛击"写出了战斗的艰辛与不易，"大批""引上"写出五位壮士深知自己不能与大批敌人抗争，但仍然放手一搏，毫不畏惧，体现出了战士们接受重任而顽强拼搏、热爱祖国的伟大精神。描写五位壮士的神情也惟妙惟肖，仿佛令我们看到了沉着冷静的班长和满是愤怒的副班长，五位壮士凭着坚定的信念和高超的作战技术，使敌众我寡的紧张局面有所缓解。

  可要求学生以写好某一点为主，不必面面俱到，如以下这篇。在分享中可听别人的分析，比较自己的理解，看是否可从中获得启发。

## 《开国大典》中的场景分析
邓颖珊

本文中，有七个场景。

### 人山人海的场景

文章开头说出了举行典礼的时间和地点。"有中华人民共和国中央人民政府主席、副主席、各位委员……"这句话交代了参加开国大典的人员。一句话为我们展开一幅人山人海的场景。

### 布局精细的场景

"丁字形"是天安门广场的总体面貌特点。"场中挺立着一根电动旗杆"说明国家主席、中国人民把中国国旗看得很重，才把国旗放中间，为下文做了铺垫。"八盏大红宫灯，八面红旗"象征着胜利的喜悦，巧妙的布局，十分精细。这是布局精细的场景。

### 人群火热的场景

"四面八方"写出了当时群众很多。"直奔"写出了当时人们压制不住的兴奋与激动。这两个词都为下文红火的场面做了铺垫。最后一句是总结句，作者用夸张和比喻的手法写出了天安门广场人如海的场景，写出了当时人群沸腾的场景。

### 宣布成立的场景

第六段写出了中国人终于翻了身，当家做了主人。第七段用了反复的修辞手法，突出了毛主席的宣告轰动了群众，全国人民仿佛漫游在欢乐的海洋中，表达了三十万人以及全中国的人民为新中国成立而欢欣鼓舞的心情，三十万人一起欢呼为真，传到长城内外、大江南北为虚构，实际与想象结合在一起，为我们展现了宣布成立时中国人民欢呼雀跃的场景。

### 升旗肃静的场景

两个"一齐"表明了中国人民对五星红旗的无比尊敬，五星红旗的升起代表中华民族推翻反动统治，冲破束缚，放飞自由，翻了身，站了起来。"全场肃静"点出了人民对国旗的敬意，但还是压制不住激动的心情，发出了"雷鸣般的掌声"。

#### 阅兵盛况的场景

"钢铁巨人"写出了战士们高大的形象,接下来说明了新中国的兵力是强大的,是训练有素的,因为我们的军队是如此的威风凛凛,写出了当时阅兵的盛况。

#### 光明北京的盛况

最后这"光明"不仅指灯笼、火把照亮了北京城,"光明"中有人民自由的喜悦,有摆脱黑暗的幸福!

学生能写出这样的预习作文,说明会归纳、联想,学生已经把课文理解得比较深入了,学习就很轻松了。

## 第三节　学生写文本解读:"让学"阅读的根本性转变

老师怎么样教学才能不用自己的阅读代替学生的阅读实践?显然,老师必须把课堂时间还给学生,让学生对着文章反复阅读,再把自己的发现与自己的问题写出来,与同学、老师交流,这才真正让课堂发生质的变化。而且这种阅读必须是前阅读,是在没有老师的提示下进行的,于是,老师必须要重视课前预习,让预习成为学生自我阅读能力的检验场。

如果老师对预习没有新的理解,教学没有新的观念,那么预习只能一直延续这样的状况:

1. 学生——把预习当预先熟悉,而不是预先学习。

不少学生是没有预习习惯的,预习是可有可无的事。老师要检查就潦草应付一下,老师没要求检查则不会主动去预习。一些能主动学习的学生会预习,却不知什么是预习。他们的预习概念是老师明天要上新课,今天要先熟悉一下,以防老师的检查,因而他们的预习内容是给课文自然段标上序号,会读生字,读通课文,知道大概写什么,便完成了预习。有些学习认真的孩子会在这个基础上，试着回答课后问题，会查看作者资料，已经相当好了。近年来，不少老师提倡批注，因而还会有些学生给一些词语写注释，而写批语的学生几乎没有。可以说仅仅是熟悉一下课文而已，根本谈不上学习。

2. 老师——把预习当课前的简单准备，而不是学习的重要环节。

很多老师对预习并不重视，预习只是要求学生会读生字，知道课文大概讲了什么，就可以了。比较重视预习的一些老师，经常会布置这项作业。可是，他们对预习也没有清晰的认识，他们会给学生制定这样的预习笔记：我读了课文，课文里的好词有_____。好句有_____。全文主要讲了_____。我读后的感想是_____。

其实，这些依然是让学生事先熟悉课文，而非事先学习课文。老师这种对预习的理解，还可以从课堂上体现出来。老师检查预习质量，即课堂开始检查学生的预习情况，通常是检查生字、新词、课文主要内容，很少还有其他。若要问老师布置预习的目的，老师只是想让课上得顺畅一些，提出的问题有人能答得上，对预习没有更高要求，没有更深的理解。就算现在提倡批注式学习，老师上课也只是让学生说一说批注，却发现不了学生有"注"无"批"，未能给学生以指导。有的则是让学生呈现一下所查阅的资料。可以说，没能根本地让学生明白预习是事先的自学，是最能体现自己阅读本领的重要学习。预习实际上是在检验自己的阅读综合能力，也检验自己能否将新学的方法、知识进行迁移应用，还是课堂上与同学思想交锋，与老师思想交锋的前提条件。

**预习不能再停留于预习笔记，而要把预习笔记变成预习作文。**

当老师们新鲜于写文本解读竞赛时，我指导学生写文本解读已多年了。我把指导学生写文本解读称为预习作文。指导学生写预习作文，实际上就是指导学生怎么写文本解读。当学生热爱这项作业后，我发现学生的预习态度、预习能力、预习习惯发生了根本性变化，能写好预习作文成为学生最自豪的心理，当学生能和老师一起走进文本解读竞赛现场，写出自己的文本解读作品时，老师们惊呆了，发现自己还不是很熟悉这一类文章的写作，学生已经熟练掌握了。请看一个六年级学生写的一篇预习作文。

## 说 态 度

黄琦懿

《十六年前的回忆》一文中,李星华多次提到其父亲李大钊同志的态度,相比外貌、动作、语言,这些直接点明的态度词或许更可以表现出作者想表达的思想感情。

文中多个表示态度的词语,在文章最后可以组成李大钊同志在文中最突出的特点。同时,这些态度词还可以引出概括文章各段所要表达的主旨及含义。

首先是第5段的"慈祥"一词。作者看见李大钊同志焚烧资料时的不解发问,其父亲的态度是"不慈祥"的,甚至还用上了"骂"字,从这儿可以读出两层含义:一是李大钊同志在往常对待家人是慈祥和蔼的,在这儿作者所以用"骂"字,是因为作者心中以前的父亲是从来没有板过面孔,说话也不大声,在这时态度"不慈祥"——也就是严肃了点,虽没有动怒,但实为头例,作者自然而然就觉得这已经算骂了;第二层含义就是李大钊同志公私分明,对待工作与对待家人的态度不同,对待工作是严肃的,对待家人是慈祥的,这与后文李大钊在法庭上的话——"我的妻子是个乡下人。我的孩子年纪都还小,她们什么也不懂"——相呼应,再加上对当时局势的考虑与担忧,才会让作者会有受"骂"的感觉。可见不慈祥背后是保护家人。

第11段的"不慌不忙"也是一态度词。面对着枪声和喊叫,还能不慌不忙地做事?带着女儿逃命?很明显就是早已做好了准备,心里也已经有数,这点在文中便有一些"破绽":你可以说这把小手枪是很早以前就有的,那么,作者的母亲6日早晨带着作者的妹妹,穿上"新夹衣"出门散步,偏偏就在这之后,家中就来了军阀,很明显作者父母早已明白敌人在近几日会前来,因而作好准备。但李大钊同志在不慌不忙中,还体现出了他心中的从容、冷静,与作者的动作一对比不难发现,李大钊同志或许已经做好了死的准备。但更重要的,还是心理素质好,革命信念坚定。

第17段的严峻,就是前方"不慌不忙"的升华。面对着这么多乌黑的手枪,这么多强壮的敌人,李大钊同志依旧那么冷静、淡定,那架势,看起来真是一副视死如归的模样。同时,这儿还出现了阎振三一人,也是一位坚强的人。而此时的李大钊同志则是忠于共产党,不出卖党及爱党人士,不外泄党内资料,同时也蕴涵了后文一重要的主题思想——对共产党的绝对信心。作者认为:父亲对军阀们是没必要说什么,也没什么可以说。的确如此,文章这儿也利用反面角色来反衬李大钊同志伟大光辉的形象。

接下来,就是19段别有深意的一笔了。乱蓬蓬与平静、慈祥,前者非态度词,但仔细一想,便可能发现玄机所在:乱蓬蓬,只有受过各种苦刑及严刑拷打才会有这样邋遢的形象,说明了李大钊同志并没有屈服于军阀,没有出卖党;虽是不屈于敌人,但对于亲人,依旧是慈祥的,与前文呼应;同时在经历了酷刑之后,仍是那么平静,在此时,便更是视死如归的体现了。对敌人与对家人态度的截然不同的对比,更凸显出李大钊同志对党的赤胆忠心,对敌人的坚贞不屈,对死亡的从容淡定。

最后一笔态度描写,出自课文第22段,也就是安定、沉着二词。在这时,李大钊同志肯定知晓自己已是凶多吉少,距离死期已经不远。若自己对革命事业没有信心,他有可能如此安稳吗?只有对革命充满信心,肯将生命交付给革命,李大钊同志才有可能有这样的心理;不然,对于这样一位爱国爱民的革命工作者,他怎么可以看着当今局势安稳离去,怎么可能咽得下这口气?正是革命给了他信心,给了他希望,他才可以视死如归,他才有心为国捐躯。就是因为他忠于党,所以他心中才会有这种伟大的力量,不然,他怎么可能安心?同时,李大钊同志也在以自己的行动去给予亲人能量,给予亲人前进的动力,让亲人们,让后人,让党去奋起对抗敌人。

文章结尾点明了李大钊同志被害,与开头相呼应。

总体上讲,这是作者怀念其父亲李大钊遇害的一篇回忆录,塑造了一个忠于革命、坚贞不屈、稳如泰山的李大钊的伟人形象,蕴含着作者对其父的敬仰与怀念。

当然,文章还有许多细节,在此便不一一列举。

在家中态度严肃,法庭上冷静沉稳;对家人慈祥无尽,对敌人坚贞不屈。一位忠于革命的共产主义先驱——李大钊。

**由本文可见:预习不再是教学的前奏,不再是教学前的准备环节,而是**

教学中最为重要的一步，决定着教师后续选择教学的内容、方法、时间与节奏，是老师课堂调控的参照。

老师得重新认识一下预习的作用。

**预习是学生心力的使用。**

叶圣陶先生说："阅读要多靠自己的力，自己能办到几分务必办到几分，不可专等老师讲解。阅读是自己的事，专靠自己的力才能养成好习惯，培养真能力。"学生在预习时，没有老师的提示，开始也不去翻阅参考，便是素读，此时，能否较好地理解课文最能体现学生的能力，能悟到几分算几分，悟到的都是真能力，是长期学习积淀的活用。因而预习能够检测学生的阅读能力，看学生的阅读心力达到什么程度。

要求学生把预习成果写成作文，其实就是让学生把参考、分析、比较、演绎、归纳、涵泳、体味、整饬思想语言、获得表达技能的这些事项，有条理地展示出来，这项综合性表达能力，最需心力，也最能体现学生的水平，更是学生真正用自己的心力进行的阅读的展示。它能让老师了解学生已读懂了几分，还有几分需要讲解；让老师看到同班学生中的差异，哪些学生需要多讲，哪些可以拓展学习等。教学的真实意义是在这个基础上实现的。否则，按我们目前的教学方式，可以说，基本都是老师的理解代替学生的阅读。虽然老师在课堂上没多讲，只是提问，引导学生思考，实际上，老师是把自己的阅读成果，转化成问题替代学生的学习。试想，学生怎么知道这个地方要提问，怎么知道老师为什么把课本中的这段话打到屏幕上而不是那段话。学生只知道接老师的招，要思考了，要讨论了，要比较了，全然不知为什么要做这些。所以，预习就让学生自己去实践，运用自己的心力，尝试去了解。

**怎么指导学生写预习作文呢？**

之所以提预习作文，而不直接说写文本解读，就是因为写文本解读要比较全面，分析比较透彻，作品篇幅长。预习作文则可以只从某一点出发，分析透彻就行了，相对较短，学生容易写好，然后再由此出发，写长，写深，写全，把预习作文变成写文本解读。可见，学生要写好预习作文，老师指导要分步走，不能一步到位。一般可以分三步走。

第一步，学会阅读提问，让预习思路理成文。

第一步是在学生预习读生字，标自然段写主要内容，回答课后问题的基础上，进一步指导学生学习自读自问。如：

（1）课题是什么意思？我是怎么理解的？课文中真是这个意思吗？

（2）看完课文后合上课本，回忆一下主要写什么，哪些内容印象最深？为什么这些内容会印象深？

（3）课本是否有中心句（词）或关键词句？如果有，课文是怎么围绕这句（词）写的？课文结构有何特点？

（4）你从中感悟到什么？

先进行这四步练习，学生能把这四点连起来写成一段或几段通顺的话，就可以进入第二步的指导。

第二步，寻找一个点，上挂下联理成文。

文章常常会有一个内在的核心，由此而说开去，构成一篇文章，用叶老的话说就是文章有一球心，众多的块面都是拱向这个中心的。对学生而言，阅读时，也常常会有某一处感受特别深。对于特别深的感受，往往可以追问，挖掘出让自己感动的多个原因，把自己的情与作者的情点通后，将这些思绪外显形成文字，就成为自己的预习作文了。

用教学理论分析就是球形理解文章法，一篇文章的诞生是由一个思想的全息元发育而成的，阅读就是一个和发育相反的过程，通过披文而演化作者之思之情，就会发现作者的行文是有规律的，是围绕某一点而展开、铺陈的，文章的核心点，随处都能发现与之相关的文字，顺着联系的规律就能深入把握作者的内在情感，然后把这种联系规律写出来，就是读者的解读作文。有时，学生未必能找到真正的发育核心，但不要紧，只要学生读出某一点，能从全文去联系理解，就已经相当好了。如上述的例说"态度"，就是这一步的成果。

第三步，点点相联，线串珠理成文。

当学生能从课文里发现某一点，上挂下联地写出文章，他就可能会发现两点三点，这个时候，他们的思路就比较开放，每一点给一个标题，每一个标题都有一个较完整的分析，"自圆其说"，点点都服从于主题，这就完成了一篇分析比较全面的预习作文，就接近于文本解读了。如以下文章。

## 《难忘的一课》片段分析
### 邓颖珊

本文分为三个片段：写、读、说。

### 写——一笔一画（被吸引）

第一句"校园很安静"，一个"静"字写出了小学生正在认真学习，说明他们都很爱国语。"一笔一画"写出了老师十分认真，每一笔都饱含着他爱国的心，每一画都有着他那对祖国无限的爱。"很认真"是老师的态度，"很吃力"说明老师不熟悉国语，两个"很"字说出了他对祖国文化的热爱。他这么爱国，为什么国语不熟呢？后面就回答你了。"重新"说明他们也才刚刚在学国语，就说明了原因。所以我这个中国大陆的人才被吸引。

### 读——一遍一遍（被感动）

"一遍一遍地读"写的是他认真的态度，也表明了他对祖国文字的热爱，这里有认真，有期望，还有热爱。"我是中国人，我爱中国"这一句话反复出现，表达了"我们"爱国之情如热火般鲜明，认真的态度、真挚的心，都让我们仿佛看到了一群认真学习的小学生。第9段第一句话，说明当时所有人都在学习国语。有人走进来学习，是再正常不过的事了。老师、孩子、作者都有同一个心——爱国之心，将他们连在了一起。"围"字可以看出热爱祖国的思想使他们彼此亲密。两个"很有感情"是我对老师教得投入、学生学得认真的肯定，所以被感动。

### 说——眼睛湿润（激动）

第15段，老师前半句说了日本侵略的罪恶，他们非常残忍地不让中国孩子学自己的国语，而后半句则说了台湾人为自己的祖国有那么多伟人而感到自豪。接下来，"我是中国人，我爱中国"这句话第三次出现，直接抒发了台湾人对中华民族那如热血似的深情。最后一个反问句再次强调没有别的话比"我是中国人，我爱中国"更能表达自己无限的爱国之情。

当然，在文本解读中，还有一个文本细读。学生做到文本细读，有一定的困难，不是不会细读，而是无法写细读作文，往往会写散，这可能要到中学以后才可以做到，但这不要紧，学生能分小标题写预习作文，其阅读能力就已经相当了得了，课堂教学也就进入"让学"的境界了。

# 第四节　预习作文：学生阅读能力的有效检测

阅读能力测试一般有两个途径：一是提问，二是考试。其实考试也是提问，就是学生回答阅读题。可很多阅读题却很难测出一个学生的阅读能力。命题很有学问，一般的试卷命题质量不高，这可以从网上获得很多佐证材料。学生阅读能力的测试要有另一种途径，这就是阅读者能够独自鉴赏。这个鉴赏就是学生自己写文本解读。

学生的阅读能力测试，老师一般都放在试卷的试题上、课堂的问题上。以为学生在课堂上能回答出老师提出的问题就是阅读能力好，考试时能回答短文之后的试题就是阅读能力强。其实这种检测有一叶障目之嫌，可是太多的教师却不懂其中之弊，还大做文章，通过提问或考试来什么星级评价、等级评价。

借用课标中的"具体建议"——"阅读教学应注重培养学生的感受、理解、欣赏和评价能力"，可以把学生阅读能力总结如下。

理解课文词句的特定意思，并能根据文章所要表达的思想情感对遣词造句作出评价。

理解文章的脉络、构思角度、布局谋篇，并根据课文所要表达的思想感情作出评价。

理解作者所表达的意图，并对文句表达的意图作出评价。

理解课文，并能联系自己的实际，获得自己的独特感悟。

具有一定的朗读能力，复述文章大意的能力，提出自己看法的质疑能力。

阅读的这些能力，通过短文阅读回答问题的试卷能否测试出来呢？请看下面一则短文与测试题。

## 蜗牛与它的大海

有一只蜗牛，很想去见识一番大海。

然而，它算计了一下，悲观地发现，如果按照每日的爬行速度，它的寿命只可能爬完四分之一的路程。

"但是，"它又换了一个角色，自言自语道，"能否到达大海，并不是最重要的。因为对于许多到达大海的人来说，大海反而离他们更远了。"

"因此，大海或许只存在于向着大海的进行之中。"这只蜗牛继续自言自语道，"如果我现在向着大海迈开了第一步，那么，我就攫取了大海的一部分，尽管微不足道。但是，我如果坚持着向大海行进了四分之一的路程，那么，我就拥有了四分之一的大海——对于一只蜗牛来说，这已经够了。"

于是，这只蜗牛踏上了大海之程。

1. 在文中找出下列词语的反义词。

乐观（　　　）　丧失（　　　）　奔跑（　　　）　放弃（　　　）

2. "很想去见识一番大海"的"见识"在文中的意思是（　　）。

A. 借出事物，扩大见闻　　　B. 见闻，见识

3. "微不足道"指非常渺小，不值得一提，它的近义词是（　　）。

4. 蜗牛渴望看见大海，人也渴望看见大海，你认为大海有什么吸引力？下面说法符合你的想法的一句是（　　）。

A. 大海一望无际，开拓了认知视野

B. 大海好玩，可以捡贝壳，可以游泳，可以在沙滩上晒太阳

C. 大海有气势，大海波涛汹涌，一浪接一浪

5. 蜗牛两次"自言自语"，前一次是为了_____，后一次是为了_____。

6. 有一个和蜗牛有关、形容速度太慢的词语，你知道吗？

这里有 6 道试题，没有一道能体现上述阅读能力的评价，解词、组词的题目根本测不出学生对词语特定的理解，更无法判断学生对遣词造句的评价能力；问答题也无法测试学生对布局谋篇的感悟，也无法测出学生对作者表达意图的评价。这样的考试又怎么能作为检测的工具呢？很显然这样的考试

是无效的检测。同样，课堂上教师提出的许多问题也一样，由于老师提出的问题很多，课堂流程是凭借问题推进的，问题与问题之间很难理出思考课文的逻辑关系。退一步说，学生接收老师的所有问题时，是不会也不可能去思考问题间的关系，不会追问问题是怎么来的，更不会思考老师为什么在这一处设问，为何问这个词而不是那个词。老师为完成教学流程而提问的过渡性问题就更不用说了。这些都无法成为有效检测学生阅读能力的工具。

叶圣陶先生说，阅读（精读课文）是学生自己翻查、分析、综合、揣摩、涵泳、体会、审度。如果学生真能运用这些方法自己去读文章，读出自己的理解来，那才是学生真正的阅读能力。所以，学生阅读能力的检测，可以尝试另外的方式。能力是可以体现的，但体现的方式不只是原先的课堂提问和试卷上的短文阅读试题。让学生用自己的语言连贯地表达出来，更能展示一个人的阅读流程，这个流程可以看出阅读者的阅读能力。学生写文本解读，分享文本解读，能有效地体现学生阅读的能力结构。

给学生一篇文章，让学生自己去翻查、分析、综合、揣摩、涵泳、体会、审度，然后写成文章解读，再与同学分享，这更能检测出一个学生是否能用自己的心力去阅读，检测出他是否具备了一定的阅读能力。

我们来看一些学生的课文解读文章，就可以看出阅读能力检测的有效性了。

## 我钓鱼别人也钓"鱼"

### 林锐豪

这篇文章主要是讲作者小时候的一次钓鱼经历，借此来告诉我们"道德只是一个是与非的问题，实践起来却很困难"的道理。

文章从"得意地欣赏、急切地问道、乞求、依依不舍"来说作者的心情变化，很好，让我们也经历了这样一个情感矛盾过程。就像一座山，如果是一样平的，就显得没意思；如果有高有低，那才会吸引人。

课文还用"看着鳃在银色的月光下轻轻翕动着"来衬托得意的心情，用得很好，让我们越发觉得鱼太可爱。从"小心翼翼、等了很久、迅速、拉"等词看得出作者钓鱼技能很好，同时也说明钓到鱼是不容易的。"啊，好大的鱼!"这句话说明作者钓了很大的鱼,接下来说是头一次钓到这么大的鱼,很兴奋。鱼越是好,作者越是兴奋,后面放弃就越艰难,这个铺垫好。而且从这能知道,这句话起到了承上启下的作用。

文中的"盯着"这个动词看得出父亲也喜爱这条鲈鱼,但为了给孩子做一个不能违反规则的榜样,所以他选择了让孩子把鱼"放回去"。从这能看出父亲很有教育孩子的方法,素质很高。

作者对鲈鱼的喜爱,从"依依不舍"可以看出来。前面却加了描写景的词句,是为了说明没有人。作者认为他捕了鲈鱼没人知道,可以抓走,这就是孩子的规则意识与父亲的规则意识的差别,但还是被说服了,体现道德选择的难。

从"沮丧的孩子"到"著名的建筑设计师"可以看出作者变化很大,同时也说明了父亲的教导是对的,使作者终身受益。父亲教育作者的道理,帮助作者解决了各种道德困难。作者将那些违反规则的行为、诱惑人的招式比喻成鲈鱼,很恰当。假设你是一条鱼,那些诱惑人的东西就是鱼饵,你咬了,就毁了一生。你弃之不理,成功通过了一场考验。把钓到的鱼放回湖中,就战胜了自己。所以后来能取得好成绩,与这次没有人看见而放鱼的经历是息息相关的。

## 父子情深——议爱
### 蔡梓涵

在《钓鱼的启示》这篇课文中,父亲非常爱三样东西,一儿子,二鱼,三规矩。

在读第一遍时,我认为父亲是讲规矩的,文章中"父亲划了一根火柴,看了看手表,这时是晚上十点,距离捕捞鲈鱼的时间还有两个小时""然后把目光转向了我,孩子,你得把它放回湖里去"这些句子体现出父亲非常遵守规矩,讲规矩,不顾孩子怎么舍不得,不顾他的感情变化,态度坚决,没有商量余地。

读第二遍的时候,我又感觉父亲非常喜欢鱼,"父亲盯了鲈鱼看了好一会儿,然后把目光转向了我,孩子,你得把它放回湖里去"这一句说明父亲也非常爱鱼,要不然父亲怎么会说他盯了一会儿鲈鱼,因为父亲看鲈鱼非常大,也非常难得钓起来，放回去还是会有点儿依依不舍，但是父亲又想给儿子做榜样，就一定要守规矩，不能提前钓，只好放回了湖里。

再读了一遍，我发现父亲其实是最爱儿子的，因为父亲是平静地跟孩子说"你得把它放回湖里去"，而不是自己直接就把鱼放回湖里。这样做主要是很明确地告诉儿子守规矩的重要性，他要让儿子体验道德选择的艰难过程，深刻牢记这种体验。并不是没人看见就可以不遵守，平静地告诉孩子是表示这是一件很正常的事情，每个人都应该自觉遵守规矩，这样就可以在儿子心中留下深刻的印象。儿子亲手放回去，一是因为鱼是孩子钓到的，得尊重儿子；二是让儿子在以后的生活和学习中形成习惯，自觉遵守各种规矩。这更是父亲爱儿子的一种表现。

每一位父母都是爱孩子的，言传身教，在每一件小事中让你的孩子从中得到教育，"好的爱"让孩子受益终身。

学生写的文本解读，五花八门，不要求他们面面俱到，只要选出自己读出的认为最有体会的一点写就可以了，这些文字里面就可以看出学生自己翻查、分析、综合、揣摩、涵泳、体会、审度的方法与能力。学生对词句的品析能力体现出来了，对作者表达的手法也有感悟了，对文章的结构安排也做了评价，这种综合性的表达，是更为有效的检测工具。

学生之间经常分享这样的阅读作文，无疑是课堂上的一场头脑风暴，学生在相互倾听中会受到极大的刺激，学习会越学越活，阅读能力也在写作中得到提升。以上是两名学写预习作文不到两个学期的学生的作品，下面再看一个学习了三个学期的学生的文本解读作品。

## 谈西雅图的情感

### 黄琦懿

《这片土地是神圣的》这篇课文，究竟饱含了西雅图怎样的情感，我们一起拭目以待吧！

西雅图是印第安人的酋长，而《这片土地是神圣的》这篇文章则是白人领袖想购买美国西北部的印第安人领地时，西雅图给予的回信。当时的印第安人还处于前土著时期，文化十分落后，生活是靠石器打猎为生，因而对土地的依赖性十分强；而白人领地，科技发达，有着先进文化。两相对比，印第安人对于白人只能是敬而远之，白人则是持着强制的态度执意购买土地，所以事实上，西雅图是出于无奈给白人回信。在朗读过程中，我也从文章的字里行间读出西雅图在写信时不一样的情感。

　　刚开始的几段，表现出的是西雅图的绝望。印第安人的领地地大物博。不仅有奇异的飞禽走兽，还有异常丰富的地下资源、成千上万的林木。西雅图已经知道工业化革命的可怕之处，他害怕"领地"被工业化革命阴影所覆盖，因为要想开发，第一件事就得开垦土地；而土地对于印第安人来讲，就是生命的源泉，这般做法就好比挖掉印第安人心头上的肉啊！可印第安人根本就无法与白人抵抗，所以西雅图才会感到绝望，前几段就好像西雅图对白人的叮嘱，告诉他们土地的重要性。土地上的每个生灵，都是不容玷污，都是圣洁的；土地与其所包含的一切，都是我们生命的一部分，万物都是我们的家人，人类是离不开大地的；土地承载着我们的希望，她养育我们，她见证了我们祖祖辈辈的生生死死，悲欢离合。

　　接着，西雅图是带着恳求的语气继续回信的。他恳求白人要善待河水，照管好空气。河水给予了他们生存的能源，空气给予了万物生命。只有这样，白人们才能闻到空气的芳香，感受到自然的本色。

　　威胁，西雅图的文字中出现了威胁。看起来是告诫，实际上夹杂着威胁的色彩。如果你们白人不好好保护动物，你们将会遭遇与动物相同的下场；如果你们不爱惜大地，终有一日，这片土地将会咆哮。因为，人类与土地是并存的。

　　印第安人热爱大地，就像热爱家人，他们将会用所有的力量与情感来保护大地。人类是依靠自然生存的，而人类，没有权利更没有能力去操控大地、自然以及整个世界。

　　体会完了西雅图的情感，我的脑海中回响着一句话——这片土地是神圣的。

　　给学生一篇文章，学生能通过自己的前阅读而对文章进行评论，说出个所以然，既有自己的发现，又有自己提出的问题，而且能说得有条理，这才是真本领。

## 第五节　预习作文达成学生语文能力的综合评价

我们的试卷通常是通过一道道题来测试学生的读写能力，这种评价是分项评价，分项评价常常考的不是能力而是知识，所以有人提出就考作文，作文最能考查一个人的语文水平。所以，教师可以尝试着进行阅读作文的考查，这是最有效体现学生的阅读与写作能力的"试卷"，一个人的语文水平尽在其中。

老师获得学生语文能力评价数据的途径主要有两种，一是试卷测试，二是观察提问。这两种手段都有着极大的局限性。

试卷测试总是分题而答，字词、句、段、篇分题考查，而这些试卷的题目，大多是考查学生的记忆，即积累再现，哪怕题目出得活，比如是让学生应用，实际上还是考学生是否能再现积累的内容，即使是试卷中的阅读题，也通常是解释、近义词、反义词，问题也是从短文中找答案，很少有考短文字里行间的空白填补内容，就算是主观题也是"你觉得文中的人物有什么样的品质？你想对文中的人说什么？"这种极无意义的问题。就是四年级的学生也可以回答六年级考卷短文中的这些问题，很多题目无法真实检测学生的阅读能力。再说篇章，作文本来是最能检测一个学生阅读的综合能力的，可是老师们出的作文题，学生都能通过记忆解决，即背上三两篇作文，就可能以不变应万变地套用，完全失去了命题的用意。总的来说，试卷检测是很难测出一个学生真正的语文能力的。

实践教学中的现象也告诉我们这一点，有些学生上课时问题答不上来，更不用说能自己发现阅读问题，但是，他们认真听记，笔记做得细致、全面，考试时，成绩很高。而另一些孩子，课堂异常活跃，思维敏捷，回答问题角度特别，有时还能发现一些个性化的，也很有意思的问题。但是，性格上大大咧咧，不拘小节，考试时丢三落四，成绩总是中上，有时还忽高忽低，总不如那些认真细心的同学。可是，到了中学后，那些活跃的学生可能会以惊人的速度超越细致的学生。

观察提问是一项很好的评价方式，但是却有极大的模糊性，有时还跟教师提出的问题有很大关系，有的老师本身就发现不了什么问题，提问都只停留在记忆层面，学生调动自己的记忆就能回答，那也是测不出学生的阅读能力的。比如有一位老师针对学生的阅读积累制定这样的评价指标：发现好词好句、记录好词好句、应用于口语交际和化用于练习笔记等四个层次指标。仔细分析，你会觉得这样的评价指标是没意义的。所谓发现、记录好词好句，这只能从量上要求，质是没有指标的，因为好词好句是个性化、主观的理解，你认为这句是好句，他却不认为，没有标准的东西却拿来做指标，就不够妥当了。如果从量上说，量积累得越多，即笔记本上记得多，不一定能化用。笔记上记不多，但都能记住，那么化用的可能性可能更大。再说运用于口语交际，老师能创设多少口语交际的应用场来让学生进行应用？有多少检测场能检测这一指标？

学生语文能力评价需要有新的评价方式与指标。

撰写预习作文，写文章评论是非常好的评价方式。一篇文章即能评价学生的阅读能力，也能评价学生的写作能力。字词、句、段、篇全可以通过读悟，然后写在文章中，体现一个人的综合能力；在此基础上，再进行解说、分享，又能把听说读写的能力展现出来。

写预习作文与平时写的作文是有区别的，平时写作文，学生重在叙事，写文章赏析作文就不同了，本篇文章所学的就可以立刻用上，属于即学即用，学用合一，效果很明显。阅读中的词句理解，内容归纳，结构联系，方法应用都会涉及，而且有些还要在运用中分析好处，比如某种结构特别，读者有自己的感悟，他就会一边运用这种结构，一边分析这种结构的优点，所以更能体现学生的阅读水平。而针对文本解读评价的指标，不需创新，只要用布鲁姆的目标分类法中的指标就可以了，这时的分类法评价，不是分项进行，而是在整体中体现的，真正能够起到评价作用。不像试卷把评价指标独立评判，不能真正体现一个阅读者的能力水准。

而文本解读分享，则又真正落实了"教师让出课堂、让出讲台，把教室还给学生，把阅读实践还给学生"，不是用教师个人的阅读替代学生的阅读。

## 第六节　课堂如何通过分享预习作文达成"让学"

小学语文教材总主编温儒敏教授在使用新教材的建议中提出：教师要善于引导学生进行阅读分享。具体提出三点建议。

一是要有意识地创造条件，让各层次的学生都能够有分享机会。

二是要能够在分享中发现有价值的讨论话题，引导学生由浅入深，使分享渐入佳境。

三是要善于适时和学生分享自己的阅读体验，以自己示范性的分享来带动、激发、提升学生。

分享教学是"让学"课堂的具体体现，本文就这三点建议结合已进行的教学实践作具体的阐述。

### 一、要有意识地创造条件，让各层次的学生都有分享机会

分享阅读的前提是学生要会阅读，能读出自己的心得，要有分享的意愿，有分享的心得内容。这不是所有的学生都具备的，所以学生水平是有层次的。让各层次的学生都有分享的机会，这是教学的基本要求，也是很高的要求，需要老师创造条件。那么教师如何创造条件让各层次的学生都有分享的机会呢？

首先，就是要教会学生获得分享阅读的内容，培养分享能力。具体可以三步走。

第一步：引导学生获得分享阅读感受——读后感。

读后感是在复述课文内容基础上的提升，复述课文、归纳主要内容是基础，一般学生都能做到，只是有简洁和繁冗的差异而已。而读后感则需要结

合自身的生活实际和阅读实践才能产生，所以需要引导。如五年级学生写的《窃读记》读后感。

生1：文中的小女孩是个爱看书的小姑娘，她为了能去书店看书，想了好多的办法。有时，一本书要到几家书店才能读完，我从中体会到小女孩不怕千辛万苦，只是为了要把书看完。

生2：窃读的意思是贪婪地读书；读懂了作者特别喜爱看书；读懂了文中许多处用动作表示作者在想什么；读懂了饥肠辘辘的意思是指肚子饿了，非常想吃东西；读懂了作者惧怕被书店的老板发现。

生3：看书是一种爱好，像文中的小女孩看书看得浑然忘我，不顾形象，有一个片段，小女孩喜欢下雨，因为下雨可以在书店里躲雨，店主总不好意思赶她走吧。小女孩不时地装着皱着眉头，好像在责怪这雨，其实她心里希望雨再大些。从这里看出她内心与表面的鲜明对比。

学生刚开始学习阅读分享，分享的心得很少，但不要紧，慢慢地学生就学会多角度分享了，变得会阅读了。如《通往广场的路不止一条》阅读分享。

第1自然段中，我发现了几个词：高高、星罗棋布、环抱、蛛网，为什么父亲要带我去高高的塔顶呢？其实，原因很简单，是因为站在高处，才能看到每一条路，这个词与后面写的星罗棋布、环抱、蛛网这几个词有很大的关系。

第2段文中，我顺利地找到了答案："通往广场的路不止一条，生活也是这样，假如你发现走这条路不能达到目的地的话，就可以走另一条路试试！"这是父亲的话，是全文的关键。我想，这位父亲肯定是一个好爸爸，不然，怎么会利用自己的空闲时间给儿女讲这么结合实际的道理呢？比如我爸，虽然会给我讲些道理，可那些道理都是空洞的，一点儿都不像文中这位父亲，这么料事如神，而女儿长大后的那两件事正好印证了父亲那句话"通往广场的路不止一条，生活也是这样"。

再到后面，学生的读后感就成篇章了，多的达八百多字。

第二步：引导学生学会批注阅读——散析作文。

读后感的分享往往是比较笼统的，学生更多的是关注思想、感情，有些学生也会关注词句，但往往不够细致，也不够深入，所以老师要引导学生学习批注阅读，学会细读文本。由于逐词逐句读，很细很散，所以学生写出的分享内容称为散析作文。如学生写的《松鼠》。

  作者的第一句话就很直接地告诉我们松鼠的特征，也从"很讨人喜欢"这里读懂了作者是很喜欢松鼠的。作者又在下面一段话中来描述松鼠是怎样漂亮、乖巧、驯良的。这三句话是从面容、四肢和尾巴来介绍松鼠的。我从面容清秀、闪闪发光看出了小松鼠的漂亮，又从下面的形体特征看出小松鼠的漂亮。而下面一段，就开始介绍小松鼠的驯良了。

  驯良，在词典中的意思是和顺善良。而松鼠是怎么驯良的呢？为什么作者要用驯良这个词呢？原来，是因为松鼠是在树上活动的，而且不会骚扰到人类的生活，所以作者才会写它驯良。我认为，作者写松鼠驯良是出于对松鼠的喜爱之情。这个自然段通过松鼠的活动范围和时间来介绍松鼠驯良的特点。

  乖巧，是第三部分的关键词。本段通过它横渡溪流体现松鼠的聪明，从触动大树又体现了松鼠的警觉，储备食物又体现出松鼠的聪明，从连蹦带跑体现松鼠的轻快、可爱。后面通过叫声也写出松鼠拥有丰富感情。这些事例所包含的词语，不就是乖巧吗？作者通过事例所包含的意义来写出松鼠的乖巧，我认为，在写作中也可以多用这种深入浅出的手法使文章更加精彩。

  让我们回顾第一句话，松鼠为什么讨人喜欢？除了刚才的驯良和乖巧，就是松鼠勤快搭窝了。从编扎、挤紧、踏平到坚实，这几个词中不仅可以看出松鼠的勤劳，更可以看出松鼠对自己孩子的关心和爱护。

  从小松鼠身上还可以看到，松鼠是一种爱干净的动物。

  由于学生的批注常常是琐碎的，往往是就词解词、就句析句，不能从宏观上把握文章的要旨，也很少从通篇上联系理解，很难培养学生的深度思维，所以还要进行第三步的培养。

  第三步：引导学生学写文章赏析——文本解读写作。

  不要认为学生没有文本解读写作的能力，其实学生的潜能极大，只要教师引导得法，学生便能获得文本解读写作的本领。只是对学生写的文本解读，不需要求全，只要求有自己的阅读关注点就可以了，能写得较全面的当然更好。如《桥》。

## 桥
### ——谈紧迫感

  这篇文章的写作手法很有特色，是我们没有接触过的一种文体结构。这是一篇小说，符合小说特点：有情节、人物形象和环境描写。老汉的人物特点、形象写得最细。

  开头就写了时间——黎明时。黎明时下起像泼像倒的大雨，马上就给人一种紧迫感，引人入境，吸引眼球。"咆哮"这是一句拟人句，山洪在"咆哮"，体现出了洪水来时的猛烈，好似咆哮而来。而这与下一句中的"狂奔而来""势不可当"相呼应，"狂奔而来"表现出了洪水来时的迅速，速度非常快，一瞬间便没了一米。所以与开头的形容词"像泼，像倒"相结合，更加表现出了洪水来时的迅速。而"势不可当"则体现出了猛烈，洪水的猛烈。这也与开头处的"像泼，像倒"呼应。"狂奔而来"与"势不可当"侧面衬托出"像泼，像倒"中的迅猛。从这儿可以发现前两段的环境描写紧扣，一个衬出一个，写法巧妙。

  人们的惊慌也是小说中的精彩描写。灾难马上到来，形成紧迫感，在灾难到来时，脑里一片空白，只知道逃离。盲目追随，也衬出了人们的惊慌失措。"惊醒""你拥我挤""疯了似的"这些词语也充分体现出了人们的慌乱。这里的量词中是"一百多号人"而不是"一百多人"，这是为什么呢？也许就是作者写法上的特点吧。我也发现，这篇小说中的分段非常频繁，有时整段都是环境描写，有时的环境描写穿插在段落内。

  方向感非常明了，"东面、西面没有路。只有北面有座窄窄的木桥"，这里的"东面，西面"并没有路，而是路面较低，已被洪水淹没。这也成为了人们惊慌的证明。下文则给人一种非常压抑的紧迫感，令人恐惧。"死亡""狞笑""逼近"这些词语运用得就很妙了，都是相互对应的压迫感。

  "跌跌撞撞"，这里不是写人们因惊慌而跌跌撞撞，而是因为刚睡醒，再加上逃生的紧迫，所以是跌跌撞撞地拥去。

  从上文只有"近一米深"的洪水，现在已是"没腿深"，其实深度是差不多的。老汉是"全村人都拥戴的"，初步体现出了老汉在村里的威信。而"拥戴"与"清瘦"这两个形容词形成对比，一个是形容威信，一个是形容形象，却形成了鲜明的对比。一个受村民拥戴的人，一般都很有威信，大家会联想到这个人的形象应该是人高马大的，应该不会有人想到"清瘦"这个词。并不说话，给人的印象就是像一座山，这个老汉是非常有威信的。

"水渐渐……人们的腰"这一段也是环境描写。环境紧迫，人们也就紧迫起来。老汉揪出的小伙子正是他的儿子，可他对儿子并不包庇，不因为是他的儿子而包庇，这也体现出了老汉的公平、正义。小伙子虽然"瞪"，可还"站"，小伙子虽然非常不满，但还是服从了指令。

最后只剩下小伙子、老汉，是作者有意的安排。他们相互谦让，从这里可以看出老汉对儿子的隐藏的亲情。因为感受到了紧迫感，所以两人不约而同让对方先走。而小伙子的"说"，老汉的"吼"，说明老汉的紧迫感非常强，迫不得已才吼了出来。

双双被吞没，小伙子是因为桥塌了，被洪水吞没，而老汉则是被一个浪头吞没。血缘亲情也是不可否认的，老汉虽然和小伙子是父子，可他不包庇儿子，非常公平、正义。而结尾体现老汉与小伙子的关系，也是核心。

经过这三步的教学，学生就获得了阅读分享的本领了，只是这个时候学生的差异会很大，层次鲜明。让各层次学生都有分享机会，"让学"课堂可基本实现。而这一层之后，还要教师创造新的机会。

其次，课堂形式多样，让各层次学生都有机会分享自己的阅读。

当学生处在分享读后感阶段时，一堂课可以让每个学生都谈自己的感受。可是，当学生会文本解读分享后，一堂课只能分享 10 人左右，剩余时间要老师点拨或是学生交流，这样课堂分享的机会就少了，于是又需要教师创造机会才能让各层次的学生都有分享的机会。

1. 小组分享，记录分享建议。

为了让各层次学生在课堂有限的时间里都能展示自己阅读结果的机会，同时展示后又真的有收获，老师就得在课堂上分组，让学生在自己的组中分享，同时记录同学听后的建议，这样就能在同一时间里让多个同学分享阅读。老师参与各组分享，随机听，检查时以学生记录的建议为准，这样既能看出学生是否分享，又能看到同组间的异质结构，看到不同层次学生的思维力。

然后由老师按组抽查分享或是由小组推荐分享。

2. 接力分享，机会轮流。

教师根据平时经验，根据不同学生的水平，选不同层次的学生代表进行分享，用接力棒的形式，让每个层次的学生在三至四课时里都有一次分享的机会。分享的学生能得到大多数同学和老师的帮助与指导，在一节课中没有机会的，可以自己选择同学交流。

3. 截片段、分观点分享。

截片段是指导学生对文章的某一片段进行阅读分享，老师课前先精选片段，然后引导学生阅读。由于内容少，分享时间短，这样学生的机会就多，这对阅读层次低一些的学生更有机会。另外，课堂上还可以分观点分享，即不用太细致地分享自己的阅读成果，只讲自己觉得最得意的理解处，不重复别人的观点，这样课堂机会就会多些。

4. 群交流分享，只分享独特思考。

现在很多学生有手机，不少学生也用电脑，可以利用微信群或QQ群交流阅读成果，老师在群里选择性地进行评价与指导，共性的欠缺或优点可以直接交流，个性的不足可以私聊引导，群里分享以鼓励为主。这样"让学"课堂的多种形式也有了。

## 二、在分享中发现有价值的讨论话题，引导学生由浅入深

在分享中发现有价值的话题，这个任务全在老师，学生难有判断能力。而教师也需要精心准备才会有敏锐的判断力，除了平时多阅读、多思考，就是要在备课时多花时间，多掌握一些与教学课文相关的信息，才能依据课标和课文的特色，发现有价值的讨论话题，把学生引向深度阅读。如学生分享成果如下。

《大自然的秘密》预习思考

张原昊

本文主要讲我和同伴在观察海龟进入大海时，看见幼龟们的侦察兵要被

吃掉，去救侦察兵。结果使许多在洞里的海龟成了肉食鸟的盘中餐。

本文的中心句是：人是万物之灵。然而，当人自作聪明时，一切都可能走向反面。这句话点明文章主旨，统领全文。

本文主要是借事喻理，借由一件事告诉我们一个道理。本文可分为三大板块：第一板块是1至2自然段，这一板块，作者主要简介时间、地点、人物。第二板块是3至12自然段，作者按照事情的发展顺序写出了观察幼龟入海时所发生的事情。第三板块，也就是文章最后一个自然段，告诉了读者，做人做事不能自作聪明，不然你所做的一切的结果，也许会违背你的初衷。

阅读本文时，我对向导有些不满。我认为向导是个博览群书的人，可是当同伴要求他去救海龟，他说："自然之道，就是这样。"可见他非常了解自然，知道自然是不可违背的。而且他一开始也很冷静，当同伴们都发出焦急的声音，他还是很镇静。但是他最终却没有坚持正确的意见，导致许多海龟成了牺牲品。

大自然还有许多的秘密，还有许多我们没有掌握的知识，我们应该去探索更深、更广的含义。

### 《大自然的秘密》秘密是什么？

#### 王丹杏

看到题目，我就立刻想阅读下文了，大自然本就丰富多彩，而这秘密又是怎样的"奇观"呢？还是通过阅读课文来寻找答案吧。

课文自第3段就是发生在海龟身上的故事了，难道这个秘密是有关海龟的？哈！原来这是个海龟离巢入海图啊！

海龟离巢可不是件容易的事，一不小心命就丢了，因为这里有许多食肉类的鸟，而海龟也是小心谨慎的，从文中的第3段就可以看出来："突然，一只幼龟率先把头探出巢穴，却又欲出而止，似乎在侦察外面是否安全。"一个"探"字和一个"欲出而止"就可以看出来：它们很小心，也很有智慧，它们东张西望，害怕自己被鸟抓去，见不到明天的太阳了；但它们懂得先派个侦察兵去侦察情况——它们也像人一样，懂得在这个广大世界该怎样生存下去，它们也是聪明的。文中说，作者和他的同伴们做了一件愚不可及的蠢事：他们不了解自然之道，把海龟侦察兵送进大海里，别的海龟收到了错误信号，结果几乎都成了食肉鸟的美餐。

　　故事到了这里，我们似乎可以知道"秘密"是什么了吧？动物们也不是傻的，它们知道自己应该怎样生活在这个花花世界里，它们也有自己的生存方式，自然之道我们是不能插手的，它们自己的命运就是自然之道，是无法更改的。

　　既然这个向导是个生物学家，但他还是禁不住游客们的议论，极不情愿地抱着侦察兵幼龟回归大海，那此时他的心理是怎样的呢？他明知道自然之道就是这样的，帮助了一只幼龟就会有成百上千的幼龟即将成为食肉鸟的美餐，当这一幅画面真出现在向导面前，他是多么后悔，为什么不坚持自己的看法，去破坏自然界的规律呢？

　　文章说得没错，如果没有我们人类，或许今天的海龟会生活得更开心，就如文中的最后一段："人是万物之灵。然而当人自作聪明时，一切都有可能走向反面。"是啊，虽然人类是世界上最聪明的，但也有自作聪明、聪明反被聪明误的时候，在这个时候人类或许还没有任何一只动物聪明呢！

　　这两位学生在课堂上分享自己的这一阅读理解时，老师怎么快速地从中发现有价值的讨论话题呢？这就看老师的阅读理解了。比如第一个学生的阅读，可以说字面上的意思，文章的观点他都理解了，但是却不深刻。如：

　　阅读本文时，我对向导有些不满。我认为向导是个博览群书的人，可是当同伴要求他去救海龟，他说："自然之道，就是这样。"可见他非常了解自然，知道自然是不可违背的。而且他一开始也很冷静，当同伴们都发出焦急的声音，他还是很镇静。但是他最终却没有坚持正确的意见，导致许多海龟成了牺牲品。

　　"向导是个博览群书的人，他冷静、镇静却不能坚持到底"，这个话题非常有价值，需要老师及时捕捉，让学生讨论出个所以然，而不是像这个学生所说的"我对向导不满"。因为向导是个生物学家，遇到困难时，小伙伴们当然首先想到的就是他，而向导明知这是自然之道，却挡不住同伴的埋怨，从冷静、镇静到不情愿地改变，不是他不坚持，而是他从来没有这方面的实践经验，根本料想不到会有这样严重的后果。这就是课文隐藏的一个更为深刻的哲理——理论与实践是有距离的，纸上得来终觉浅，绝知此事要躬行，实地考查意义非凡。这是一个更为深刻的自然之道。文章的这个重点就在课文第1自然段容易被老师和教参忽略的一句话："我们的目的，就是想实地观察一下幼龟是怎样离巢进入大海的。"这个"目的"与"实地观察"的背后很有内容，说明这9个人在理论上是知道幼龟生长规律的；在书本中他们已对这个岛，对绿龟的生活习性是了解的，但没有实践，所以来实地考察。第2段也非常说明问题，第2段描写似乎是观察过了，是他们实地观察得知的吗？不是，观察还没开始，可是却已知道幼龟是怎么离巢入海的，也知道会有很多的危险，更知道这些全都是自然之道。可偏偏就是在他们已知的知识里真的发生了险情，但怎么样的险情却是书本中没有的，实地才遇到，才能观察到的；这时候大家的急与向导的冷静形成对比，毕竟向导是生物学家。可是，他也是一个有丰富书本知识而略缺乏实践经验的向导。这可以从他的行为发生变化上体现出来，尽管他"极不情愿"但还是做了，这与后面的"悲叹"联系，我们就会发现向导根本就没预料到会有这么严重的后果，他态度的不坚定正是他实践经验缺乏的体现。还有，就算向导有他的难处而改变态度，但是，他的做法却也是极不理智的，换句话说，是极不内行的。为什么他要把侦察龟抱向大海？要避免违背自然之道，完全还有其他方法，如"赶跑嘲鸫"或是"堵龟回巢"，都可以避免出现他后来不愿意看到的场面，而他选择最坏的方法——"抱龟入海"，只能说明他没有实践知识，而最终只能"悲叹"。而"我们"，开始是发现幼龟"似乎在侦察"，到后来明白先出来的是"侦察兵"，一个"似乎"足以说明这是书本上没有的，是新问题，所以，实地考察的意义就在这种特殊事件中体现出来，只有通过实地观察，吸取这样的教训，才明白自然之道与反自然之道的后果及意义所在。这点给孩子的启示要比单说教参上的"理"更有意义。

引导学生讨论这些，对课文的理解就更贴近文章的本意了。而第二位学生分享的阅读理解，老师要抓住什么话题引导学生讨论呢？学生的这句话值得关注。

故事到了这里，我们似乎可以知道"秘密"是什么了吧？动物们也不是傻的，它们知道自己应该怎样生活在这个花花世界里，它们也有自己的生存方式，自然之道我们是不能插手的，它们自己的命运就是自然之道，是无法更改的。

可见这个学生对"秘密"理解狭窄了，自然之道不仅仅是"我们是不能插手的，它们自己的命运就是自然之道，是无法更改的"。所以要引导学生讨论，课文还有哪些"秘密"我们没有发现？联系课文前后，我们还能发现哪些自然之道？

"嘲鸫吃海龟"，从向导口里，我们知道这是自然之道，绿龟产卵时间和选择地点下蛋这也是它的自然之道，由此类推，学生会发现课文中有更多的自然之道隐藏着，如：绿龟孵化，幼龟入海的时间、方式也都是自然之道。这些都是学生读不出来的，经过讨论又是可以发现的。

接着就可以引导学生讨论课文结构与技法上的秘密了。

老师如果能对文本有较好的解读，那么分享教学是容易抓住学生的话题引导学生讨论而渐入佳境的，如果老师的阅读只停留在几本课外参考书的解读上，那就难以做到这点。所以，发现有价值的话题全靠站在讲台上的那个人。

## 三、要善于适时和学生分享自己的阅读体验，以自己示范性的分享来带动、激发、提升学生

学生写作时最渴望看老师的作文，学生阅读时也最渴望听老师的阅读，老师的阅读分享最容易激励学生的热情，学生最爱模仿，有的还会以老师为目标，暗中追赶。所以，老师能适时和学生分享自己的阅读体验，教学是非常高效的。

如教学《大自然的秘密》时，我在学生充分分享交流后，展示自己的阅读提纲，跟学生分享了我的阅读理解。

探寻冲突中的秘密

文章里的冲突有哪些？背后隐藏的秘密是什么？

| 寻找冲突 | 发现秘密 |
| --- | --- |
| 1. 大自然中的冲突：嘲鸫与幼龟的冲突<br>　　　　　　　　幼龟速度与海滩距离的冲突 | 发现大自然秘密：自然之道 |
| 2. 人与自然的冲突｛干涉嘲鸫叼幼龟的冲突<br>　　　　　　　人道与自然之道的冲突<br>　　　　　　　救幼龟与害幼龟的冲突 | 发现人与自然的秘密：自作聪明可能会好心办坏事 |
| 3. 人与人之间和人自身的冲突：向导与队员间的冲突<br>人内心情感的冲突：紧张、焦急与震惊、悔恨间的冲突 | 发现人的认识秘密：光有理论是不够的，实践知识同样重要 |
| 4. 环境场面冲突：阳光明媚的场景与血腥场面的冲突 | 发现文章写作秘密：场面衬托会增强情感传达的感染力 |

学生听了我的分享后很激动，后来就努力地学用这一方式去理解相关的课文，其阅读成果非常可喜。如下文。

## 用冲突思维谈《小抄写员》
### 罗习睿

《小抄写员》这篇课文主要讲述了主人公叙利奥为了减轻父亲的负担，半夜起床为父亲工作，可是被父亲误解，但又原谅他的感人故事。这篇文章运用了人物的动作、外貌、语言、神态和心理描写，准确地刻画出了这篇文章的人物形象。

我们用找冲突的方法来读这篇文章。先是第6段的"叙利奥就仿照父亲的笔迹写起来，心里又欢喜又害怕"，作者运用了两个"又"字写出叙利奥当时纠结的心情，如果用"一会儿"的话，表达的感情就不那么强烈。因为"又"字表示同时进行，"一会儿"是变化多端，同时进行会给读者一种压迫的感受。再加上"欢喜"与"害怕"冲突，更是起到画龙点睛的作用。表达了叙利奥在两种心情的影响下还能如此坚定地做出决定，为下文的自我矛盾的心理做铺垫。更是点到了"偷偷"两个字，告诉我们：人在偷偷做事的时候，往往会很纠结。

第2和第7自然段有两处冲突。一个是高兴，一个是叫苦。同样是描写心情的，经过叙利奥的努力后，一切都与原来背道而驰。但这也让叙利奥的想法更加坚定。第 2 段的最后一个字"呢！"与第七段的"哩！"字，虽然都是表达感叹的语气词，但是"呢"这个字结合上文再读起来，就会有种心情低落、在抱怨的感觉。而"哩"倒是有一种轻巧、活泼的感觉。

在父亲高兴的同时，叙利奥也很高兴。但是父亲发现叙利奥学习的变化，心情又低落下去。父亲从拍手叫他到对他说到责骂再到更严厉，这是从语言与动作中知道父亲心情的变化。叙利奥也从难受到流眼泪到恳求到伤心再到心如刀割。这也和父亲一样，从一开始的一点变化到后来的失望，但是失望中又有着高兴。父亲因为有多收入而高兴，叙利奥因为可以帮助父亲而高兴。他们都是在同一件事中高兴，突出了家境贫与不贫的冲突。

就拿第 1 段的贫穷与第 14 段的不贫来说吧。第 1 段父亲的愿望是补贴一家人的生活。但第 14 段，每个月多收入，买了一袋糖果庆祝。告诉我们：人往往在满足之后，又会在原来的基础上又加了一项需求。就是因为这袋糖果，叙利奥又重新振作，从而引出父亲发现真相的事。所以把这一段放在这里，这个方法用得好！

父亲发现事情经过后，他胸中充满了无限的懊悔和慈爱，一动不动地站在那里。当我们将"一动不动"改成"站立不安"时，再来读就有不同的效果。说明了父亲的慈爱。站立不安也表现出了懊悔，但这段中的"慈爱"这个词是为了下文父亲懊悔的行动做铺垫。因为心中有懊悔和慈爱，所以才会把头贴近儿子的胸前，才会有这亲昵的举动。

最后一个自然段，作者运用动作描写完美地把这次的误会化解了。本文情绪大起大落，一波三折，都是运用了逐层递进的冲突升级关系，把不同的人在同一件事中的人物形象刻画得十分细致，让读者仿佛置身其中。

这是老师以提纲的方式与学生分享阅读的成果，有时，当学生的分享处在高原期时，老师也可以直接写文本解读，让学生明白怎么找到上升的空间。

第六章

"让学"实践使语文"实践性"落地

## 第一节　从"教读文"转向"教读法"

### ——落实语文实践的方式之一

**一、落实"语文实践",为何要让"教学"课堂转向"让学"课堂**

王荣生教授在谈"语文教学内容与目标的达成"时指出,语文研究早期就有人提出"教读文"课堂与"教读法"课堂。

"教读文"——把教学内容的落点放在理解与感受上,而把形成合适有效的阅读方法看成是阅读实践中的潜移默化。着重引导学生读懂了什么,训练了什么,记住了什么。"教读法"——把教学内容的落点放在阅读方法上,而把较为正确的或较为妥当的理解与感受看成是方法运用的结果。这个学习过程不是记住什么,训练什么,而是建构语文能力,是"让学"教学的前奏,也是语文核心素养的建构过程。

以《猫》为例,比较两种课堂的差异。

猫的性格实在有些古怪。说它老实吧,它的确有时候很乖。它会找个暖和的地方,成天睡大觉,无忧无虑,什么事也不过问。可是它决定要出去玩玩,就会出走一天一夜,任凭谁怎么呼唤,它也不肯回来。说它贪玩吧,的确是呀,要不怎么会一天一夜不回家呢?可是,它听到老鼠的一点响动,又是多么尽职。它屏息凝视,一连就是几个钟头,非把老鼠等出来不可。

它要是高兴,能比谁都温柔可亲:用身子蹭你的腿,把脖儿伸出来让你给它抓痒,或是在你写作的时候,跳上桌来,在稿纸上踩印几朵小梅花。它还会丰富多腔地叫唤,长短不同,粗细各异,变化多端。在不叫的时候,它还会咕噜地给自己解闷。这可都凭它的高兴。它若是不高兴啊,无论谁说多少好话,它一声也不出。

它什么都怕，总想藏起来。可是它又那么勇敢，不要说见着小虫和老鼠，就是遇上蛇也敢斗一斗。

　　这三段文字到底要教什么？怎么教才能体现教学关注了学生的语文核心素养？什么样的教学就没有关注学生的语文素养呢？比较一下"教读文"与"教读法"的关注点之差别："教读文"的老师首先关注教"古怪"，即猫的古怪体现在哪里，作者是怎么把古怪写具体的。"请用既……又……把这三个词连成一句话"，"老实、贪玩、尽职"这样矛盾特点集在一起就是古怪。在学习"贪玩"的句子时，让学生换词学习"任凭"，用"任凭……也……"造句。换词也好，造句也好，好像都是在教学语言，实际上不然，这么教对学生学习语言没有多少帮助。那么"教读法"关注教什么呢？重点不在"古怪"而是前面的词"实在有些"。为何是"实在有些"古怪呢？因为这"实在有些"包含着作者的深情，作为主人，作为喜爱动物自觉对猫很了解的作者竟然对猫的性格都迷糊了，感觉捉摸不透，实在是古怪了。而教师教学不是问古怪表现在哪里，而是问作者是怎么写出古怪的。因为古怪表现在哪，容易找到，学生自己能读懂，而怎么写古怪的，学生就不懂了。作者是怎么写古怪的呢？①一个总述句管三段，段段又有总结词。②文章中的转折词，表达出作者的感情，一转再转，有的段是用选择词，这就是语言特色。③作者还用了叠加的方法来表达"实在有些"，即老实的对立面不是贪玩，可亲的对立面也不是不高兴，这正是需要学生读出来的，课文是老实（乖）与执拗（淘气），尽职与贪玩，可亲与冷漠，勇猛与胆小，矛盾的特点一点一点地叠加在一个动物的性格上，才构成"实在有些"古怪。"任凭……也……"不是通过换词造句来教理解的，而应当关注"任凭"之后的那个词"谁"，这里突出猫的主人，主人都无法把猫唤回，平时喂养的感情都哪去了？这让主人很没面子，这也正是猫古怪不讲情面的特点。④"教读文"没有老师关注三段之间的关系，"教读法"则会关注这段落与段落之间的联系，除了上面讲到的叠加表达法之外，作者选材，选这四个方面，即第一段写态度行为，第二段写情绪行为，第三段写胆量行为，这些正构成性格的内涵——一个人表现出来的态度、行为上的稳定的心理特征。可见作者的用心。⑤教学情感——作者对猫的爱，也不是只通过教学"温柔可亲、踩几朵小梅花"体现出来。"教读文"的老师只会从这里让学生体会感情;而"教读法"则会从"实在、吧、乖、谁"的语气,体会把猫当成家庭成员写的方法。通过语气词、标点、比喻感受作者对猫的喜爱之情。这种关注词、句、结构、方法的教学比较那种研究猫的性格怎么古怪的教学,更关注语文素养。

## 二、再看"教读文"与"教读法"的教学过程之差异

"教读文"课堂落实语文实践性。

听了十多位青年骨干教师《假如没有灰尘》第 2 至第 5 段的课堂教学,大同小异,都是"教读文"的课堂,教学都指向理解文章的意思,而且总停留在这个层面。过程如下。

| 课文原文 | "教读文"课堂的教学流程 |
| --- | --- |
| 　　灰尘颗粒的直径一般在百万分之一毫米到几百分之一毫米之间。人眼能看到的灰尘,是灰尘中的庞然大物,细小的灰尘只有在电子显微镜下才能看见。陆地上空灰尘的主要来源是工业排放物、燃烧烟尘、土壤扬尘等。 | 1. 读课文第 3 自然段,画出灰尘的特点和说明方法。或是读这一自然段填写第二行表格。<br><br>| 自然段 | 灰尘的特点 | 灰尘的作用 | 说明方法 |<br>| --- | --- | --- | --- |<br>| 第 3 自然段 | 极小、来源广 | | 列数字、举例子、作比较 |<br>| 第 4 自然段 | | | |<br>| 第 5 自然段 | | | |<br><br>(评论:灰尘的特点在课文中显而易见,学生容易读懂,学生读轻易就能读懂的内容却花很多时间教学,说明方法虽然有些难度,但前文都有学过,此刻学习只是强化练习)<br><br>2. 庞然大物是什么意思?为什么说人眼看到的灰尘是庞然大物?<br>(评论:离开课文句子问词语意思,对学生理解能力没有多大帮助)<br><br>3. 作者介绍灰尘时,用了列数字和作比较的说明方法有什么好处?<br>(评论:这等于是复习,而不是新授,不必要逐一说) |

续表

| 课文原文 | "教读文"课堂的教学流程 |
|---|---|
| 灰尘在吸收太阳部分光线的同时向四周散射光线，如同无数个点光源。阳光经过灰尘的散射，强度大大削弱，因而变得柔和。假如大气中没有灰尘，强烈的阳光将使人无法睁开眼睛。 | 4. 读第4自然段，画出灰尘作用的词，并找出说明方法，填写表格第三行。<br><br>| 自然段 | 灰尘的特点 | 灰尘的作用 | 说明方法 |<br>|---|---|---|---|<br>| 第3自然段 | 极小、来源广 |  | 列数字、举例子、作比较 |<br>| 第4自然段 | 吸收、散射光线 | 使光线柔和 | 打比方、作假设 |<br>| 第5自然段 |  |  |  |<br><br>（评：这样的问题浮于文字表面，学生的能力没得到培养；说明方法与作用又在重复教学）<br><br>5. 假如……这是本单元学习的一个新的说明方法，请读课文中的这一句，说说这一说明方法的作用。<br><br>（评：这是本课新的知识点，要重点教学，却一问而过，而且是单独教学，没能把几次假设放到一起比较着学） |
| 大气中的气体容易散射紫、蓝、青三色光，所以一般情况下天空呈现蓝色。灰尘则不同，它不加选择地散射七色阳光。我们看到遥远的天空随高度降低而逐渐由蓝变白，就是因为底层大气中的灰尘含量较高。假如大气中没有灰尘，由于只存在气体对阳光的散射，整个天空将始终是蔚蓝色的。 | 6. 用上述同样的方法学习第5自然段。填写表格第四行。<br><br>| 自然段 | 灰尘的特点 | 灰尘的作用 | 说明方法 |<br>|---|---|---|---|<br>| 第3自然段 | 极小、来源广 |  | 列数字、举例子、作比较 |<br>| 第4自然段 | 吸收、散射光线 | 使光线柔和 | 打比方、作假设 |<br>| 第5自然段 | 散射七色 | 使天空色彩丰富 | 作比较、作假设 |<br><br>7. 说说这一段中作者用什么和什么比较，这样写有什么好处？<br><br>（评：教学一再重复，学生学习没有增长点）<br><br>8. 请用"不加选择""始终"造句，感受作者的用词巧妙。（评：造句根本就无法体验出用词的巧妙）<br><br>9. 学习本课的生字词。 |

114

续表

| "教读文"课堂的教学流程 |
|---|
| 　　分析：这么教学很多老师很快就讲完，教学时间长的，一般都讲生字的读写，让学生反复读课文，讲一些词语的意思与造句。<br>　　老师都教了一些什么呢？①前几课已学过的说明方法，这里又重复，学生等于没有新的收获。②读懂让人讨厌的灰尘还是很有用的（感情有变化），认识到灰尘的一些特点。③对一些词语的理解可能更清晰。对学生的学习能力无法起到培养的效果。<br>　　很明显，老师讲的这些，学生自己就能读出来，学生的语言理解能力没有得到训练，课堂上也没有语言的运用机会，思维也停留在极浅的层次，更不用说审美能力的培养了。学生学习没有什么增值的东西。那么，五年级的学生应该学些什么？课标有这样的要求："在阅读中揣摩文章的表达顺序，体会作者的思想感情，初步领悟文章基本的表达方法。在交流和讨论中，敢于提出自己的看法，作出自己的判断。"这些几乎没能落实，而这些要求恰与语言理解能力、语言运用能力、思维能力、审美能力、创新能力等这些素养实践密切联系，也就是说落实学生语文实践的这些事老师都没做好。 |

## 三、"教读法"的课堂让语文实践逐步落地

请看"教读法"的课堂教学过程。

| "教读法"的课堂教学过程 |
|---|
| 　　1. 请同学们自读课文前5段，自己归纳灰尘的特点与作用，并注明你读出的说明方法。可以列一个表。<br><br>表格：<br><br>\| 自然段 \| 灰尘的特点 \| 灰尘的作用 \| 说明方法 \|<br>\| --- \| --- \| --- \| --- \|<br>\| 第3自然段 \|  \|  \|  \|<br>\| 第4自然段 \|  \|  \|  \|<br>\| 第5自然段 \|  \|  \|  \|<br><br>（评：学生自己能读懂的，放手让学生自己去读，也算是学生自己运用已有的语文知识）<br>　　2. 请同学们听老师朗读课文，注意老师读时强调的词语，发现了什么。抓住"一般、主要、等、将、始终"，让学生换词比较，如：灰尘颗粒的直径都在百万分之一毫米到几百分之一毫米之间。说说用这些词有什么更好的作用。<br>　　（评：引导学生关注他们容易忽略的说明文中限制性词语的不确定性，正是用词准确的标志，这正是语言素养） |

续表

| "教读法"的课堂教学过程 |
|---|
| 3. 揣摩课文的表达顺序。假如自然界真的没有灰尘，我们将面临怎样的情形呢？这是第2段，按理第3段就可以直接回答这一内容，为何要插入介绍灰尘特点的一段？直接写第4段也很顺，可见，这第3自然段与第2自然段关系不大，是否多余？是否可以调换顺序？第4、第5自然段是否可以换顺序？为什么第1段要有"真的"这个词？<br><br>比较句子：假如自然界真的没有灰尘，我们将面临怎样的情形呢？与假如自然界没有灰尘，我们将面临怎样的情形呢？（评：这是为什么要插入第三段的原因之一。原因之二是，第3自然段之后讲的都是灰尘虽小可是作用极大，与后两段形成结构逻辑，是以灰尘存在为前提，再讲作用与"失用"。这也是不必换顺序或不能没有这一段的原因。那么第4、第5自然段也有它的内在顺序，作者先讲睁不开眼，再讲假使能睁开眼看到单调的天空）这就是假设说明法的作用。（本课着重要教的新知识）<br><br>4. 说说作者的感情在叙述中有哪些变化，这些变化对你有何影响？请用课文的句式表达出来：假如……我们将……；我对灰尘的感情已……<br><br>（评：作者设置悬念，用大家平时对灰尘的讨厌开头，然后设置三次情感的变化，让读者对灰尘的感情转向作者想要表达之情，这不仅是对文章结构的理解，也是审美情感的教育） |

  分析："教读法"的课堂教了什么？1. 作者的感情与自己阅读时的感情。2. 课文的表达顺序。3. 说明文的语言特点。4. 本课突出的说明方法——假设法。而这些正是学生自己读不出来的，也是要学生真正去实践获得的。

  从"教读文"转向"教读法"只是课堂的小小变革，是从理解课文意思、体验作者思想感情、记住生字新词的教学，转变为学会使用语言去理解语言，能够尝试运用已有的语文知识去获取新知识，得到审美的感受，也是"让学"的开始。学生语文实践的落地，还需要课堂更大的变革。

## 第二节　变提问为反诘

### ——落实语文实践性的方式之二

语文素养形成于学生的语文实践，在实践中知识和能力沉淀形成素养。如果教学中只接受老师提出的问题，只让学生被动回答和记录问题的结论，而不让学生进行有效的思维实践，不让他们有自己发现问题，自己获得感悟的机会，那就谈不上素养的培养。老师教学要千方百计地引导学生自学、探悟，即"让学"。老师当一个反诘式"助产士"，才有利于学生的语文实践。

现代解释学认为：教学是视野交融的过程，其目的和结果都是产生一个更优质的共同视域，大家共享之。"教学中的讲解不是某种单纯的自我表现和自己观点的贯彻执行，而是一种使我们进入那种使我们自身也有所改变的公共性中的转换。"那么，什么是"教学中的讲解不是某种单纯的自我表现和自己观点的贯彻执行，而是一种使我们进入那种使我们自身也有所改变的公共性中的转换"呢？著名作家林清玄有一篇散文《狗与鳄鱼打架》是这一观点的很好解释，也是当前教学是否着眼于核心素养的很好隐喻。

带孩子散步，在路上遇到一只很大的狗。孩子突然问："爸爸，如果狗和鳄鱼打架，谁会赢呢？"

对孩子的问题，我的答案常常用反问的方式，我问他："你看，鳄鱼会赢呢，还是狗会赢？"

他说："我不知道，才问你呀！"

"那，要先看是在水里打架或是在陆地上打架了。"我说。

"对了，"孩子眼中亮起光芒，"如果在水里，鳄鱼会赢；如果在地上，狗会赢。"他非常肯定。

"也不一定，"我说，"还要看是大鳄鱼和小狗，或小鳄鱼和大狗，或者两只一样大。"

"我知道了,大狗咬小鳄鱼,大狗会赢;小狗咬大鳄鱼,大鳄鱼会赢。"小孩子的反应总是快速而直接的。

"可是,还要看什么样才叫赢呀!"

这下,孩子陷入沉思了:"赢就赢了,还有什么才叫赢呢?"

我一本正经地说:"赢有好多不同呢,是咬到跑开就算赢,还是咬到流血才算赢,或者是咬到死吃下去才算赢?如果两只都受了重伤,一只先死,是谁赢呢?如果两只打起来,那没流血的先逃走,流血的还在,又是谁赢呢?可不可能两只都输或两只都赢?"

于是父子两人玩起了对一个简单问题的游戏思考,发现到即使是最简单的问题也没有绝对肯定的答案,在不同的环境与情况中可能有很多变化,也就是说,当一只鳄鱼没有和一只狗打起来,没有人真正知道情况如何。我对孩子说起在幼年时代曾看过老鹰被兀鹫追着飞的情况,也曾看过狗被老鼠吓得夹尾巴逃窜的场面,连与老鼠都有特异的情景,何况是距离那么遥远的鳄鱼与狗呢?

最后,孩子下了这样的结论:"我知道了,狗和鳄鱼在一起也不一定会打架,而且它们遇到一起是不可能的。"

我牵着孩子的手走在正在换叶的菩提树下,两人都非常满意,觉得收获不少,孩子学习到如何以不同的角度来看问题,我则学习到一个很好的命题,因为到我这个年纪,大概不会发出"如果狗和鳄鱼打架,谁会赢呢?"的问题。

其实,人生的问题也是如此,任何的输赢如果从小的时空看来,仿佛是一个定论,但若放到一个大的时空,输赢就不可定论了,一个人的输赢往往也不是外界的判定,而是自我意念的肯定。

这种对话可说是"助产术",就是苏格拉底的"助产式"教学,教师激发学生对探索求知的责任感,并强化这种责任感,是苏格拉底的"助产式"教育体现。也就是说,教学要唤醒学生的潜在力,促使学生从内部产生一种主动的力量,去获得求知的结论。上文通过一系列有效的反问,让提问者自己获得理解,这是开放的自我探索的过程。语文课堂着眼于学生语文核心素养的培养,就需要教学要从原来的"老师发问"转向"助产式的反诘",让学生在系列的反问、反思中豁然开朗。

以林清玄的散文《桃花心木》的片段教学为例,比较"教学中的讲解只是某种单纯的自我表现和自己观点的贯彻执行"与"教学是一种使我们进入那种使我们自身也有所改变的公共性中的转换"的差异。

课文片段:

"种树人的一番话,使我非常感动。不只是树,人也是一样,在不确定中生活的人,能比较经得起生活的考验,会锻炼出一颗独立自主的心。在不确定中,就能学会把很少的养分转化为巨大的能量,努力生长。"

"教学中的讲解只是某种单纯的自我表现和自己观点的贯彻执行"过程是这样的。

师:种树人的一番话是什么话?

生:"如果我每天都来浇水,每天定时浇一定的量,树苗就会养成依赖的心,根就会浮在地表上,无法深入地下,一旦我停止浇水,树苗会枯萎得更多。幸而存活的树苗,遇到狂风暴雨,也会一吹就倒。"

师:作者听后的感悟用了什么修辞手法?

生:借物喻人。

师:借物的什么特点来喻人的什么特点?

生:借桃花心木自己扎深根、找水源的特点喻"在不确定中生活的人,能比较经得起生活的考验,会锻炼出一颗独立自主的心。在不确定中,就能学会把很少的养分转化为巨大的能量,努力生长"。

师:不确定在生活中指什么?

生:生活中许多的意外。

生:人成长的各种因素,如机会、运气、伯乐等。

师:所以,这段话告诉我们,人的成长要靠自己努力,要练就一颗独立自主的心,才能更好地适应社会。

这一教学,老师始终在引导学生往自己预备的观点中钻,教学指向封闭。再看"教学是一种使我们进入那种使我们自身也有所改变的公共性中的转换"的教学过程。

师:自读这一段,你会有什么发现?

生：老师，"不只是树，人也是一样"这是借物喻人吧，是说人的成长不应该什么都由大人设置好，而要自己有独立的心，才能成长得更好吧？

师：是啊，不过，这是作者的感悟。你读之后又有什么感悟呢？

生：我要尽量少让父母安排好一切，要学会独立。

师：这还是作者的感悟，你自己还没感悟。

生：学习也是这样，如果一直都等老师教了才学，学习就没有了成长的力量，就成了"确定"中成长的桃花心木了。

师：很好，举一反三了，不过还在作者的思路上。

师：如果你从种树人的角度去思考呢？

生：……

师：其他同学怎么思考呢？

生：这就是从种树人那里得到的感悟啊！

师：作者把树喻人，那种树人的种树过程就是……

生：噢！就是培养人，就是要怎么培养人了。

生：明白了，就是借事喻理了。

师：那你能悟出什么理呢？

生：种树人就是老师，教师育人也是这样，不同的人是有不同的成长规律的，虽然有相同，但不同人的差异规律是很重要的，要找到个人的不确定因素，才能更好地施教。

（这本来是老师的教学指向，可这时，老师却兴奋起来，即兴又问）

师：要是不指老师呢？

生：我想到父母，作为父母是不是也要有种树人的育养的方法呢？该让我们自己去面对的要让我们面对，该让我们自己承担的要让我们自己承担，我们才能茁壮成长。

生：我有一个新感悟，我常常听到爸爸说"孩子越大，我对他们的希望就越少了"。这是不是说我们越长大，我们的不确定性就越来越少了，我们的成长就是在不断地丢失不确定性，所以父母的期望就变少了。

师：太棒了！这是我没想到的。确实，大多数的父母对自己的孩子的期望是随着年级的增高而逐渐降低的。这会不会也是规律呢？跟课文中的规律有没有联系呢？

生：有。我发现大多数父母是这样，但总还是有不一样的，有的孩子一直很优秀，父母对他的期望就不会变，或者会变得更高。这说明任何事都有自身的规律，规律是不同的，不可用此规律去套用彼规律，否则就会像作者一样陷入迷茫中，甚至产生认知上的偏差。

（太好了，联系上下文理解了，这是好的阅读能力体现）

生：我也受启发了。不按规律办事可能正是遵循那事的规律，可见规律的应用也是需要慎重的，只有按正确的而不是自认为的规律去认识事物，才能看到本质。

师：太好了，你们这么深刻的道理是怎么感悟出来的呢？

生：刚才大家感悟的过程告诉我们发现规律的秘诀，学会自己"生疑——解疑——碰撞——感悟"。

生：要有人不断地逼我们去反思。（学生笑）

师：以后你们当老师一定会是种树人式的老师！

生：如果我们当父母也会当种树人式的父母。（学生大笑）

师：对呀！如果你们当父母要怎么培养自己的孩子？从这段或这篇文章里可获得哲理啊！

在这段的教学中，前者仅仅是在教这段，虽然问话有联系全文，但仅仅是字面上的联系，而后者却是在互动中，学生自主感悟的联系，是字里行间的联系，而且学生的感悟与老师的思维都得到升华，收到意想不到的效果。"苏格拉底主张教育不是知者随便带动不知者，而是使师生共同寻求真理。师生在似是而非的自我理解中去寻找难题，在错综复杂的困惑中被迫自我思考，老师指出寻求答案的方法，而且不回避答疑。"就语文阅读课堂而言，这相互的改造和加工，既标志着语文教学内容的生成，也标志着语文教学目标的实现。教育不是一个线性的过程，而是一个不断反思的环型运动。这也是一个人通过与环境，与他人，与文化的反思性相互作用形成的自我感的方式。这样的"助产式"教学，更利于学生语文核心素养的形成。

语文阅读教学就算老师设计的问题十分精巧，提问启发也非常到位，可是学生对老师问题的根源却是不知的，因为学生是通过老师的行动而行动，只知道接收老师的提问而思考答案，而不知道思考老师的问题是怎么提出来的，为何是这么问，而不是那么问。所以，学习过程依然是遵循老师的问题而前行的，思维是寻求结果的辐聚思维。

课堂很像一个半圆，老师是那圆心，而学生是圆周，圆周弧上的无数个点（学生）都拱向老师这一圆心。于是，老师就天生优越，就显示出他的"智者"地位，学习内容由他定，问题由他问，答案由他评，最终的结论都得经老师首肯，学生才放心记录。学生课堂的阅读思维是围绕着老师的教而辐聚的，学习获得的结论是统一的。就算也有老师反其道而行之，由学生提出问题，老师或同学解答，可是课堂往往是老师解答学生问题的能力特别强，学生只要有疑问提出，老师就能给他们一个满意的结论，而且反应特别快，满足学生要答案的同时，老师也满足自己是"智者"的心理。很少老师想到要装傻，敢当弱者，要通过向学生求教，让学生自己去探索问题的结论。

## 第三节　"教学"与"学教"互转

### ——落实语文实践性的方式之三

如果老师阅读课文时，脑子里就想着怎么教，这样是很难教好的；如果学生阅读课文时，满脑袋都想着这里面有哪些知识我要学习，那么，这样也很难学好语文。老师若能通过自己的教学转变学生的习惯，让学生在读课文时脑袋里想着读完后我能与同学分享哪些知识，我能说出多少他们没读出来的内容，那课堂就真正让学生经历了语文的实践过程。

能读懂一篇文章的哪些内容与能教会同伴读懂这篇文章的哪些内容，这两种读书心理的出发点不同，学习的效果也很不同。第一种我能读懂什么，可能是模糊的，领会即可，属默识知识。而我能与同伴交流读懂什么，则一定要达到能说清楚为止，只有自己讲得明白，才能让同伴明白，这是明识知识。阅读期待不同学习效果也必不同。

当学生的预习笔记里，记录的不再是好词好句，不只是文章主要内容和自己的一点点感受，而是一篇篇的文本解读；当学生不只是静坐而听，被问而答，而是能上讲台进行文章赏析，像老师一样，给学弟学妹们上语文课，那么语文课堂就呈现另一番景象。

此时的老师一定会疑惑"这怎么可能"，说实在的，如果没有向学而教、为教而学的教学理念，是不能想象的。如果有这样的教学理念，就会觉得，这是教学的必然；就会发现学生的潜能是非常令人吃惊的，学生完全有能力做到。这种课堂效果的培养过程如下。

## 一、教师——向学而教比向教而教好

什么是向教而教？向教而教是指老师备课时，不是先想到自己能从课文中读出什么，而是先想到有哪些知识点要教给学生，找到所有的教学知识点，然后用问题的形式串起一堂课的流程。上课时依据教案走流程，哪里问、哪里读、哪处板书、哪处练笔都有条不紊，教学似流畅、生动，实际只是教师完成预设而已。举一例进行分析，就能发现当前所有的所谓提问式、启发式、对话式教学都是向教而教。如课文《窃读记》的教学。

一、检查预习，读课文，学习生字、新词

1. 容易写错的字提醒；2. 形近字比较、组词。

二、默读课文说主要内容

作者介绍，说说课文主要内容，你读后的感想。

三、新授

1. "窃"在字典里的解释有两种：偷；私自，暗自。课文中的意思是？课文中有一句直接写出来，解释了什么是"窃读"，请问这句是？读这句。

2. 我为什么常常做这事？这样做时的心里是什么感受？——我像一匹饿狼，贪婪地读着。我很快乐，也很惧怕——这种窃读的滋味！

3. "我"是怎么窃读的？

换地点——换书店读。学习"每当……时候……"。想象拓展"不适宜"。齐读"我会知趣地放下书……"可见窃读之不易。回读"我像一匹饿狼，贪婪地读着……"

重点理解"知趣"。

隐藏读——顾客多的店里读。模仿"虽然……但是……因此……"

读书要这样躲躲藏藏还是不读了吧——回读——我像一匹饿狼，贪婪地读着……

找借口——下雨天读。学习"充足"带读充足的理由——

大些！再大些！因为这样我便——（回读课文）

这样的天气便让我可以——像一匹饿狼，贪婪地读着……

四、作者除了写窃读方法之外还写了什么？为什么要写这些内容？

1. 急着去书店，想书——爱读书。窃读描写。

2. 读书过程的艰辛，方式累，时间长——爱读书。

3. 读书后的感受——爱读书。

这样的教学是在引导学生理解课文，学习课文的表达方法，看起来设计得不错，错字提醒、归纳内容、理出文章思路等，教学逐层深入，循循善诱，读中有思，思中有读，既理解内容又体会感情，还学习表达方法。而实际上是老师把自己的备课结果，通过问题转化成课堂教学思路，让学生读中思、思后答。学生完全在老师的指令下学习，并不知道老师为什么能读出这些，为什么要设计这些问题；老师只想着自己提出的每个问题学生能否回答出来。这就是向教而教。老师千方百计设计好自己的问题，千方百计安排好教学的流程，一切从教出发。看起来学生都在思考，都在读书与对话，实际上，离开老师的导问，学生什么思维都没有，根本不知道要关注哪些词，哪些句，也根本不知道课文之间的联系。这样的课堂哪里提得上核心素养的培养？

什么是向学而教呢？向学而教就是不教而教，老师在课堂上的作为是隐性的，是退"二线"的，前台是学生展示，老师只起主持、点拨、评判作用，有时也会示范或跟学生唱反调，引发课堂争论。讲得形象一些就是像足球教练一样，起着统筹的作用。

一个体育专家说，竞技赛可分三类。第一类是射击、射箭。选手主要是跟自己竞技，克服内心的紧张、稳定自己的心绪是最重要的。第二类是排球、乒乓球。选手跟对手竞技很明确，一来一往，攻防清晰，只需要较好地把握攻守机会就好了。第三类是足球，选手什么时候攻，什么时候防是不明晰的，攻防在瞬间都可能发生变化，他们不仅要与自己竞技，与对手竞技，还要与场面的变化竞技，这特别需要选手的想象力、创造力。

向教而教的教学，学生学习就同第一类、第二类的运动员一样，学生上课只要控制自己不开小差，认真听讲，或是及时思考老师的提问，什么时候读书，什么时候回答，过程很清楚。而向学而教，学生自己运用心力，尝试去了解文章，什么时候用分析，什么时候用比较，什么时候用演绎、归纳，什么时候要涵泳、体味，什么地方要整饬思想、语言，全得靠自己。学习就是自己的事，要与同学分享学习心得，既要关注自己的表达，又要猜想别人的思考，分享总不能拾人牙慧，必须及时调整。如此，想象力、创造力就被调动出来了。这就是向学而教，就是学生语文核心素养的养成过程。

## 二、学生——为教而学比为学而学高

为学而学就是坐在课堂上静听，老师说读，学生便读；老师让答，学生便答，老师让讨论学生便开始讨论，学生的学习行程是被控的，学习思路是听老师指挥才产生的，是断裂的，被老师的教路给分割了。哪怕是在课堂上，把老师提出的问题回答得很完美，也很难养成阅读的能力。为教而学可就不同了，学习是为了能教，教是外露的，是要外化出来，把学的内容外化出来，那不仅仅是理解了，而且还是运用，还是审美，是语文核心素养的外化。为教而学就包含了两层意义：一层是内化的，通过学习获得收获；另一层是这个收获还要讲给别人听，必须得条理清楚，否则别人听不懂，这样就得把学到的知识再整理一下，思路清晰，才能使教时的语言清晰。一篇课文自己理解了什么，收获了什么，不仅这个结果重要，还要追问为什么获得这样的理解，是怎么获得的。需要对自己的阅读过程有元认知，才能教给别人。这样的学习，就是一边学一边用，通过用来巩固学，提高学。语文核心素养是在这样的学与用的过程中获得的。这个时候的学生就真的成为了足球场上的运动员了，攻、守、自我、对手等各方面都要考虑，协助互动还是单独思考都要自己处理。学习的素养就是在这种元认知得以运用之后而提升的。

### 三、怎么才能做到向学而教，为教而学？

把预习当作文写，学生预习作文是老师课堂教学的凭借。

预习是学生用自己的已有阅读能力去学习，预习最能体现学生水平，预习到什么程度，就是这个学生的阅读能力程度。学生的课堂前水平就是通过预习成果展示的，这是老师上课的起点。所以老师一定要布置课前预习作业，否则教学就可能是盲目的，是老师的一厢情愿。叶圣陶先生曾说："如果课前不教学生预习，他们就经历不到在学习上很有价值的几种心理过程，专教学生听讲，他们就渐渐养成懒得去仔细咀嚼的习惯……一篇精读教材放在面前，只要想到这是一个凭借，要用来养成学生阅读书籍的习惯，自然就会知道叫他们非预习不可。"可见预习在叶圣陶先生看来是多么的重要，但是，学生预习就能达到向学而教吗？

学生的预习过程应成为教而学的过程，即学生的预习能够成为课堂分享的凭借，能充分体现他的学路。这个预习结果应当成为文章。这就是学生预习要写预习作文或称为学生的文本解读的原因。学生拥有了这一能力，就能在课堂上与同学分享，老师也可以利用这个进行课堂头脑风暴式的教学。"让同学们试讲和订正，同学们先做一番揣摩的功夫，可以增进阅读能力。坐在那儿听固然很省事，不费什么心思。可是平时自己阅读没有老师在旁边，就不免要感到无可依傍了。眼睛在纸面上跑一回马，心里不起什么作用，那就算不得能的。"叶圣陶先生很早时就这样指出，要让学生能读，是要让他们用自己心力去读，而后讲和订正，阅读能力就在这个讲与订正中提高。

如果给学生一篇文章，让他们读上一节课，然后，请学生上讲台分析给同学听，如果学生只会说主要内容和一点心得，那这根本不能算是会阅读，而会写预习作文的学生，上台就会从内容分析到字词品析，到方法、结构有条有理地评价一番，这就展示阅读心力了。学生也就可以给学弟学妹上课了。如学生这么讲解《青山不老》。

## 谈《青山不老》的环境描写

### 黄琦懿

课文《青山不老》并没有为老人种树花了多少笔墨，倒是在环境描写下了不少功夫，莫非，这其中蕴藏玄机？

第一处环境描写，主要对树木进行了刻画，作者通过富有诗情的语句，向我们展示了老人靠双手创造出的奇迹。这个开头，好！

第二处环境描写，是对晋西北恶劣环境的描写。风之住所，灾害之家。这是对晋西北恶劣环境的总概括。不仅灾害多，程度也大。风沙四起，万物皆惧，擎牛卷马，丈高而坠。这也就好似第2段的最后一句话，在如此恶劣环境下创造绿洲，就构成反衬，老人的艰辛、难能可贵就体现出来了。

对于老人的住处环境，作者也做过一些勾勒。老人不是因孤寡而种树，他曾有白头偕老的老伴，他有一个孝顺的女儿。但他热爱自然、崇尚自然，愿意将自己奉献于自然，即使生活条件较差，他也愿意坚持。老人的精神在这儿便有了很好的展现。

那么后面的内容呢，弃之一旁？不，不能！老人在恶劣环境的击打下，在生活的压力下，在身体不济的煎熬下，书写了岁月诗歌、历史奇迹，有谁能够想到，能够料到呢？接着，作者向我们介绍了老人的树。泥土冲树土养树，巨树挡泥、护泥。暗喻老人与青山的关系——相知相守，互为知己，相互依靠。青山养育老人，老人种树回报。

课文的最后两段着实是意味深长，将老人的精神、品质高度浓缩成了精华。老人将生命转化成了绿洲，转化成了造福后代、绿化家园、保卫环境的品质精神。他将他的灵魂寄托于绿洲，寄托于青山，寄托于大地，寄托于自然，使其无限扩张，得到升华，灵魂获得永生。青山不老，老人的精神也会继续传承；精神不老，青山长青。不老的是老人生命的意义、人生的价值。老人与青山真正永远并存了。

青山不老魂永在，不朽精神代相传。

这样一篇课文，学生能这么理解，能如此审美表达，听的同学不佩服、向往才怪。这就是学生给学生上课之例。但是，如果是同学，阅读心力相差不远，另一个又从不同的角度进行赏析，那不就构成课堂碰撞，相互启发、评价了吗？课堂学习不就在这种比较、讨论中深入了吗？学生的语文核心素养不就在碰撞中得到发展了吗？

## 第四节 "让学"阅读重在发现

### ——落实语文实践性的方式之四

让学生真正经历语文实践的课堂该教什么？语文阅读中最直接的展示就是发现，发现作者的笔法，发现作者对生活的感悟之源，发现自己阅读的独特视角，这才是真谛。所以阅读教学就是要引导学生会发现，发现课文出现的新词在语境里的含义，发现字里行间隐藏的含义，发现文章特有的结构和表达手法，发现作者认识生活、感悟生活的角度与方式等，阅读教学是教学生发现阅读的乐趣，体验写作的快感。

阅读到底要教什么？作为语文老师不能只盯着语文课堂，更不能只盯着课文来思考这一问题。思考阅读教学的指向要把日常阅读与课堂阅读结合起来思考，阅读确实有为写作奠基的功能，可是阅读本身就是一项重要的能力，特别是现代信息高度密集而又快速的时代，生活阅读功能远超于写作功能，一个不会阅读的人远比一个不会写作的人过得更枯燥。然而，阅读到底教什么，又必是语文教师要思考的问题。

### 一、当前阅读教学的两大"阵营"

阅读教学教什么？当下的语文教坛，主要有两大阵营，一是教理解，即指向理解的阅读教学；二是教表达，即指向表达的阅读教学。

指向理解的阅读教学，主要教"意思"。如新词语的意思，含义深刻的句子的意思，段落的意思，篇章的意思，作者的意思。课堂是围绕着"读懂"

而教，以深刻理解了一篇课文的思想，体会作者表达的感情为目标，课堂过程多问答，多表演，多读出某种感情，这"三多"是课堂的主要形式，会使课堂气氛活跃、热闹。学生也能积累不少理解课文的知识。

指向表达的阅读教学，主要是教"方法"。如文章的用词、修辞手法、表达方式、文章结构等，课堂围绕着"体悟"而教，以感悟作者的表达方法，体会文章的形式美为目标，课堂教学多比较，多朗读，多练笔，这"三多"为课堂教学的主要形式，课堂会有很多学生的表达让老师兴奋。

## 二、阅读教学从指向理解到指向表达的差距

前段阅读教学要从指向理解转到指向表达的文章屡上报刊，这反映了当下语文课堂教学的反思。因为在相当长的一段时间里，哪怕是课程改革之后，阅读教学对课本的依赖性相当强，而语文课堂教学又有着强大的教学惯性，课堂结构一直奉守"整体——局部——整体"，教学跳不出"先说文章主要讲了什么，然后，教学生字新词，再读课文进入段落的细致分析"。关键词、句子含义、人物形象、作者感情、文章思想观点等就在这阶段细问细析而出。即课文内容理解得透彻，美其名曰"深度阅读"。而学生阅读的结果如何呢？学生掌握了生字新词的意思，理解了一篇篇课文的句子含义，有些还背诵下来，算是有了积累，认识了文章人物的形象与感情，记下了作者表达的思想观点及表达观点的手法。总之，积累了不少的内容知识，方法知识。学生获得了这些知识，却不知这些知识是怎么来的，不知怎么转化为自己的能力，不知下次又得如何去分析新的文章，更不会转化为写作能力。因此，语文教学从一课一课看是高效的，可是从一个学期看，从一个学年看却是低效耗时的。这样的结果不得不引发一些有心的教师反省，于是有人提出阅读教学要指向表达。

指向表达的阅读教学，注重文章语言的品味，注重文章结构的分析，注重写作技能的感悟与迁移运用，美其名曰"语用"教学。语文课堂的教学过程常常是抽出课文的重点句子，对关键词进行换词或对句子进行添词、删词比较，让学生用相应的情感读出句子或段落的感情；每段教完都要学生总结

写作方法，或阅读方法，然后用同样的方法去阅读后面的内容；有些手法明确的段落，老师引导学生总结出方法后，一定要来一个现场运用，美其名曰：读写结合或读写迁移。因此有专家指出："每一堂课都必须有写的保证，没有动笔的课一定不是好课。"

相对于指向理解教学的语文课堂，指向表达的课堂确实是向前迈了一步，是对内容教学阅读课堂的反省。但是，这样的课堂反思，依然还是视野过窄，只盯着课堂阅读和课文阅读进行反省，没有把学生的日常阅读纳入思考，更没有着重分析课堂阅读教学的目的乃是为课堂之外的生活阅读服务的。所以，无论是指向理解的阅读教学还是指向表达的阅读教学都要进一步的思考，再回归我们的课堂，重新思考语文课堂阅读教学的指向。

## 三、语文"让学"观下的阅读教什么——教"发现"

日常阅读有多种，有以快速浏览获取信息为目的的阅读，如阅读新闻或一般的消遣文章，或是兴趣不浓的小说；有以获得材料以占有素材为目的而进行的阅读，如读史书或说明性文章；有以提高写作水平为目的而进行的阅读，如读喜爱的作家的书，提高写作技能的专业书等；有以赏析获得共鸣为目的的阅读，等等，不管是哪一种阅读，都是阅读者想要从阅读中获得"发现"，让读有所得。以此推理语文课堂，阅读要教什么？就是要教学生学会独立发现。那么课堂教学的阅读"发现"有哪些内容呢？

1. 发现要积累的内容。

作为老师不能只想着学生阅读能力有限，需要"导着"阅读，不可能会自主发现。其实，学生到了三年级后就可以逐步引导他们学会自己去发现。学生要积累什么，不是老师告诉他，"这个成语很好，这个句子优美，你要摘录，汇集到采蜜本上去"。什么是好词，什么是好句，不是老师说了算的，而是要学生自己真正体会到词的妙、句的美才算数。所以，老师的任务是引导他们会发现才是根本，自己体会到的，觉得真有必要积累的词句，才是真正的积累，否则只是记在本子上的词句而已，不能算是学生的知识。同时，积累也不只是积累词句，还有更重要的素材，作者表达生活的思路，表达思想的手法等，只要这些是学生自己悟出的，能让他们从心底里冒出兴奋感的；用自己的感情温暖了这些知识，这些知识才会因为有温情而活跃在他们的脑海中。

2. 发现字里行间隐藏的意思。

阅读读懂文章的字面意思，不算真的读懂，要把字面背后潜藏的意思也读出来，才算真正读进去了。读懂一个个句子，读懂一个个段落的意思，也还不算真读懂了文章，还要能发现句子之间的相互帮衬，段与段之间的相互搭连，作者情感的前后呼应才算是真读懂了文章。而这些靠老师去提问，或老师的讲解引导得出结论是没有意义的。只有学生自己能发现才算是有了阅读能力。

3. 发现作者的行文用意。

读出文章的思想感情还不够，还要从文章的形式发现作者为何这么行文，为什么是这样的顺序，作者的章法在要表达的情意上起到什么作用。教阅读要引导学生学会读出这一层，在老师的示范里，学生逐渐学会自己发现文章章法的美妙或俗劣，这样的阅读才能从课内走向课外。

4. 发现作者认识生活的角度。

阅读教学还要教学生发现作者对生活的感悟，在披文入情中思考作者为何能从生活的一件事里悟出这样的理，怎么就能从一处景物里看到社会的规律，从一个小事物中悟出大道理来。去揣摩作者思考的方向，发现作者认识自然与社会的视角。

发现是能力，发现是语文核心素养的重要表现。阅读教学教什么？就是教学生自主发现这些内容，当学生能独立发现，就标志着学生不仅有了自主阅读的能力，而且有了自主表达的能力。因为这些发现是学生真正用了心力的阅读，一边获得文章作者的发现，一边也提升了自己的表达能力。而综合上述发现的四项，就构成一个人的语感，所以阅读教学教的就是——让阅读者在阅读过程中有快速的阅读反应力。所谓的快速阅读反应力就是在读一篇文章时，假如作者的某句话在生活中可能有三种意思，那么阅读者能在文章语境里快速地判断出作者真正要表达的意思是什么；或者自己要表达某种思想，表达的形式有多种，但他能根据情境或上下文快速获得最准确的表达形式；阅读一本书时，读上几章就能很快地捕捉到作者的语言特色、行文技巧、生活感悟特征和文化底蕴等，所以概而言之，阅读教学就是要培养一个人的语感力，认识生活的感悟力和表达内心情思的艺术力。而这些能力都只能通过学习过程中的自主"发现"来实现。

那么，怎么培养学生的自主"发现"力呢？学生的发现怎么在课堂阅读教学中得到落实呢？无疑是要给学生提供默默阅读的实践机会。

阅读教学学生发现的培养需要分步走，就像课标的分阶段要求一样，首先是低年级时的词汇积累、句式积累，到中年级前期的文章知识认识，如中心句、过渡句、抒情句、关联词句及一些修辞方法，文章结构知识、写作技能名称等。然后是试着发现，以句、段为单位，进行发现对对碰，即抽出文章中的关键句或段，让学生反复读，说出自己的发现；老师说出自己的发现，再分析老师为何是这种发现，这种发现是怎么来的。让学生尝试运用新的句、段，这样反复学习。最后，到了高年级，阅读课就成为头脑风暴分享课，阅读过程是让学生先素读，即没有任何提示与参考的情况下，自主阅读，现场展示，总结，老师也参与头脑风暴中，但最后老师是要展示自己的素读结果与过程。因而，这阶段的阅读教学课完全是师生自豪地展示自己阅读发现成果的课，也是独立阅读能力展览课。

## 四、阅读教学教发现的结果附加——培养拓展阅读的兴趣与习惯

阅读的兴趣与习惯也是语文核心素养的重要内容，学习方法终究是要在生活中应用的，课堂课文阅读只是为生活阅读打基础，而不是以读懂一篇篇课文为最终目的，课文只是让学生学会发现的"例"，更重要的是拓展，是学校外的阅读。

教学只教给学生知识，所谓培养能力只是积累知识的附属，学生就会觉得阅读十分辛苦，阅读难养成兴趣，没有兴趣阅读，只靠外力学习课本，那阅读教学就是极低效、极失败的，就等于学生用了十多年的时间阅读，却没有养成阅读的素养，没有兴趣更难养成习惯。一个生活中不阅读的人，用黄山谷的话说是"粗俗"的，因而，阅读兴趣也同样是阅读教学的目的之一。

阅读教学生怎么发现，学生学会了自主发现，发现是一种乐趣，发现能让人兴奋，还能让人自豪，所以发现的刺激是极大的，展示自己的发现能得到同学的敬佩，得到老师的褒奖，学生后续阅读的动力极大。特别是阅读中有了新的发现，有了自己独特的理解，而这种理解恰好与老师或赏析专家的阅读结论相似，这种报偿带来的喜悦是何等的强烈，这会是阅读的"高峰体验"。一个经常能获得阅读高峰体的人，对阅读是充满期待的，书对他的吸引力足以让他养成习惯。这就是阅读教学的最好目标。

阅读教什么？一句话：阅读是教学生发现，教学生发现之后热爱阅读，养成阅读的习惯，最后沉淀为语文核心素养。这个过程非亲自实践不可。

# 第五节　让学生经历学习语文的过程

## ——落实语文实践性的方式之五

按理说，学生在语文课堂上不管经历一个怎样的过程，不管老师用什么样的方式方法教学，学生在这个以语文为学习对象的课堂场中，一定是经历了一个学习语文的过程的。可是，为什么大家还要强调让学生在语文课堂上经历学习语文的过程呢？显然，当大家都这么说时，就说明当前的语文课堂确实存在学生没有经历一个学习语文过程的现象，或者说学生经历了一个不完整或不科学的语文过程。

让学生经历一个学习语文的过程。我们要先弄懂学生没有经历学习语文过程的几种形式，才能更好地落实真正经历语文学习的过程。

### 一、未经历学习语文过程的课堂剖析

1. 不让学生预习或只让学生简单预习的教学过程。

不少老师为了让学生对课文有新鲜感，为了让课堂给学生一种神秘感，

就不布置学生去预习,甚至反对学生预习,以保证课堂的讲解能吸引学生的注意。这样的教学就是"老师用自己的年龄在乳臭未干的孩子面前刷存在感"。还有的老师会布置课前预习任务,不过预习过程极其简单,学生只是通读课文,认读生字,熟习课文而已。这种课堂,学生只能带着空脑袋来装老师的教授。有些老师会要求学生预习时归纳课文主要内容,回答课后问题,这似乎已经有了一个学习语文的过程,可是,实际上有很多学生归纳课文主要内容和回答课后问题只是走过场,预习是肤浅的,课堂上老师也是用自己的理解代替学生思考,学生课堂学习以记忆为主,重在做笔记,记录老师的分析,偶尔回答提问。这两种语文课堂,学生真的是没有经历语文学习的过程可言。

2. 学生在课堂上始终不需要翻书的学习过程。

现在很多老师教学都习惯用课件,把课文根据教学设计的顺序,一段段地呈现于视频上,学生就看着视频读,听老师的问、讲,按老师的要求做答。比如老师在视频上呈现一些关键词,让学生填空,填写后连起来读就是课文的主要内容;或是老师呈现一些短语,学生用短语串出课文的主要内容。老师呈现课文片段,让学生读,然后提出问题让学生找,找完后说理由。这样的学习过程表面看学生好像是有读有想,有听有答,有找有思,而实际上学生却不需要动用多少学习思维就能解决所有的问题。这样的学习过程,实际是一种问答游戏过程,而没有学习语文的过程。

## 二、经历一个不完整或不科学的语文学习过程分析

学生课堂学习语文的过程被"剥夺"的原因主要表现在两个方面,一种是老师太优秀,太过"强大、强势",什么都设计得精致、艺术,教学过程滴水不漏,学生的回答完全在他的掌控之中,学生的思路老师都猜得非常透,哪怕是陌生的学生,会怎么思考都在老师的把控之中,学生只要跟着老师的教学思路就会有非常精彩的表现。那些名师的示范课大多是这样的,可是,这些名师的课堂,学生只经历了一个不完整的语文学习过程。因为在学习的整个过程中,学生思维的一切都听指挥,让读哪段就读哪段,让思考什么问

题就思考什么问题，学生并不知道为什么要先读这一段而不是那一段，也不知道这个问题是怎么冒出来的，为什么这一段里是思考这个问题而不是思考另一个问题，等等。所有的一切，学生都处在应招的被动地位，就如小组讨论，老师提出问题就让学生四人小组讨论，学生们就有模有样地讨论起来，可是，为什么要讨论，怎么讨论，学生没想过，也不需要想，这不是他们想的事。于是问题就来了，讨论要有思考，自己先有想法，有观点，摆出来才能讨论，大家都才接到问题头脑还是空空的，怎么就能有模有样地讨论起来呢？显然，这样的学习过程是虚的，没有真正的语文学习过程。还有一种就是老师太弱，但老师又意识不到自己的弱，总是拿着教参教案上课，课堂提的问题极多，不断地问，通过问推进课堂教学，一节课下来上百个问题，学生无法知道第 3 个问题与第 88 个问题之间是否有关联，要不要去思考这个关联，或者压根儿就忘记了老师的上一个问题，永远只知道思考刚刚提出的这一个问题，而且问题也常常不是一个需要学习思考的问题。如老师让学生比较句子，比喻句与非比喻句，问学生哪个句子好，为什么比喻句更好。学生不需要思考就答"书上的句子好，它是比喻句"。为什么呢？"因为有了比喻就更加形象生动了"。像这样的教学就同没有教一样，学生好像是比较思考了，而实际上却同没有问这个问题一样，对学生的学习一点促进作用都没有。名师的课堂学生没有完整的语文学习过程，"弱"的老师课堂又没有科学的学习语文的过程。那么是不是处于中间地带的不优秀也不太弱的老师的语文课堂学生就能获得较科学的语文学习过程呢？答案是否定的，因为根本没有中间地带，所以，才有睿智的老师提出要让学生经历一个语文学习的过程。

## 三、怎么让学生经历一个较科学的语文实践过程

语文的学习过程是一个离不开听说读思写的综合过程，这个过程可能是课前、课中、课后的连续性过程。这里只谈语文课堂中的历程。

课堂上要有学生素读的时间保证。很多老师一写课题就开始提问，学生就进入了貌似思考的思维状态。也有很多老师一上课就来一小段精彩的演讲导入，演讲中带着问题让学生思考着看书。归纳起来，就是语文教学总是要

老师导着学、问着学，离开老师的导和问，学生就会无所适从，这样的课一开始就已剥夺了学生学习的权利。让学生经历一个学习语文的过程，首先就是要让学生在没有任何提示信息下，凭借已有的语文素养进行独立阅读，静静地阅读，看看他们在没有老师教的情况下自己能获得多少新知。这些新知可以让学生逐一记录下来，完成最初的"读"与"写"的经历。这个过程至少需要 20 分钟，如果学生课前已经有了这一经历，那在课堂上就可以节省不少时间。接着让学生经历一个语文的朗读过程，当然，这要看课文而定，大部分的课文都适合学生朗读，这就要给学生进行朗读上的指导，通过对比朗读让学生有朗读过程的变化经历。如果遇到不适合朗读的课文，就可以直接进入朗读自己的阅读收获和分享比较过程，这个过程既是学生展示自己语文思维能力的过程，也是老师判断要教什么的过程。对于读的学生，他经历的是朗读过程；对于听的大多数，是一个听的体验与思维能力差异的比较过程，以及反思自己语文学习的过程。在这个过程中，老师或学生会有对朗读者的指导与评价，既针对朗读者也面向班级学生。接着是老师的集体导学过程，这个过程可能都是老师的讲析，也可能是老师示范发现问题，解答问题的过程，让学生经历问题发现的阅读过程，也可能是老师针对学生分享中共性的问题进行分解讲述或是对学生进行逐级的追问，让学生在老师的逐级追问中经历一个学习语文必要的思维过程。最后，是学生的反思总结，练习巩固。

在这样的一个课堂教学过程中，学生真正成为学习语文的主体，学习是学生的事，而不是老师的越俎代庖，老师做好自己分内的事：倾听、判断、指导点拨、示范或提问、小结。这个过程都只在 10 至 15 分钟内，千万不要让问答充满整节课，老师不要尽显自己的才华，展示自己的机灵应变，让课堂成为自己艺术表演的场所。

让学生经历一个学习语文的过程，这种课堂是学生尽显才情的课堂，精彩、风头都是学生的，老师的优秀是潜藏的，老师的机智是隐性的，老师的优秀是衬托学生的优秀而得以体现的。有时老师还会表现得木讷，糊涂，需要学生来帮助才能让课堂流程顺畅。课堂的流程也不是师生的对话过程，而是学生大量的学习与展示过程，是生说师答或生读师点拨、生读生评的过程。

让学生经历学习语文的过程，形式可能多种多样，但有几点都是不变的或者说是必须遵守的，否则就徒有其名了。如学生静静自读文章的时间保证，课堂展示阅读能力的机会保证，生生之间分享的对碰感悟，老师的针对性点拨；每一次的经历和进步都是下一次阅读提高的前提，学习兴趣是逐渐浓厚起来的。

## 第六节　语文味、教师味和学生味

### ——落实语文实践性的方式之六

公开课听得越多越觉得课堂里老师太过光彩，学生实在是没有地位，课堂就是老师这个一号演员的舞台，"语文味"就是在老师的导演中演绎而得，学生只是配合"语文味"和"教师味"的群众演员。最糟糕的是所有听课者都乐此不疲，他们要的就是"语文味""教师味"浓烈的课堂，听课就是要从示范者身上学得绝招。

"语文味""教师味"和"学生味"，共同构成语文课堂教学的"三味"，在这"三味"中，专家们最关注的就是"语文味"了。不说评课中评课者口中的评价语离不开"语文味"三字，也不说报刊上"语文味"出现的频率之高，就比较而言，"教师味"与"学生味"是任何一堂课都存在的，唯有"语文味"标识着这一堂课是语文课还是其他课，所以"语文味"在语文课堂里最被重视。或许正是基于这样的思考，当前的语文课堂"语文味"成为衡量语文课的最高标准。然而，在当下"语文味"正浓的热潮里，特别是名师的示范课里，是否有老师想到课堂的核心——学生，"学生味"才是最好的衡量标准。

当下，"语文味"研究正浓的形势里，我们的语文课堂不失"语文味"，而缺失的是"学生味"。可以肯定地说，"学生味"是长期的缺失。公开课，名家名师示范课最浓烈的就是"语文味"，最凸显的是"教师味"，最缺失的就是"学生味"。对此，可以从以下几个教学环节作分析。

## 一、备课时纳入老师法眼的是什么

任何一位语文老师在备课时，都会说备课要备课标、备教材、备学生、备课件（教具）。可是，在这四项内容中，真正被老师纳入法眼的是什么？表面上有4项，其实真正纳入法眼的是教材，课标只是方向，老师们有个大概的标准也就满意了；而学生呢，老师们也只掌握年龄段大致特点而已，特别是公开示范课，陌生的学生，执教老师怎么备呢？而课件则是依据教材与老师的理解而制定的，所以，真正纳入老师法眼的只有教材。

可以说，钻研教材几乎占据了老师备课的所有时间，老师对教材先要理解，然后取舍，再进行二度创造，转化成自己认为最顺畅的教案，这个过程需要的不仅仅是时间，更需要学识与经验。不同的老师对教材转化为教案的结果差距会很大，这也标志着水平的悬殊。所以，几乎所有的老师都在这点上纠结一辈子，备课的精力都用在这里。至于学生，很少有老师备课时会备学生的差异，会把学生的名字写到教案里，备注在课堂问题之后；也很少有教师会在备课本上注上几种方案，预设多种教学方案，针对学生差异而设想多种思路。因为老师写出一种教案就已经疲惫不堪了，只能指望在课堂上对不同的学生有不同的指导，可是真正到课堂上，又是一种怎么样的情形呢？

## 二、上课中占据老师思维的是什么

如果是日常课，教师的思维会显得松弛些，每提一个问题都会给学生充足的时间思考，让学生答到自己最满意的程度为止。占据老师思维的是什么？是重点有没有讲透，提出的问题有没有学生举手，学生能理解到什么程度，教学任务能否按计划完成。说实在的，老师多少还会关注学生学习的积极热情，适时进行调节。如果是公开课，那就不一样了，老师的思维是高度紧张的，情绪高涨，此时的教师心里只有教案和听课老师，占据老师思维的是教学程序怎么顺畅，过渡怎么自然而富有艺术，课堂的精彩环节怎么演绎，怎么把教学推向高潮；哪个教学细节能展示自己的才华，哪个细节能展示自己的独特教学风采，怎么把学生带进我设计的情境中，获得课堂教学的艺术效果。此时的学生，老师不需要思考他们的学习注意和学习热情，只是要设法引发学生的兴趣，让课堂有热闹气氛，让预设的点有"笑果"，因此课堂上占据老师思维的是下一步要做什么，怎么才能让这一环节更饱满，又充分展示自己的才艺。学生仅仅是配合自己完成教学预设的人，是衬托自己展示教学艺术的道具。老师表面上似乎关注学生的展示，其实目标都指向自身的教学艺术。哪怕是具有浓浓的"语文味"的课堂，这种语文味也只是老师的语文味，学生根本就不知道老师下一步要做什么，听课老师也在猜测下一步老师要教什么，当执教老师上的内容与听课老师的猜想相差甚远，且高出听课老师时，听课者就佩服了，而学生呢？永远不知道老师课堂上要走怎么样的流程，也永远不会去猜测，他们只需要回答老师的问题，听老师的指导从事就行了，课堂只有"教师味"和"语文味"，而"学生味"极其缺失。

有些课学生也非常出彩，学生回答很有智慧，让老师都会望尘莫及，我们佩服有这样高明的老师教学才能有学生这么聪明的展示。可是，当你多听几节，你会发现北京的学生说出的答案与南京学生说出的答案极其相似，河北的学生与湖北的学生有着一样的头脑，智慧雷同得都在老师的设计答案里，这样的"学生味"很值得我们反思。

### 三、下课后牵动老师情绪的是什么

课后是老师的反思环节，通常情况下，我们的老师反思的是什么，即反思指向什么？教学目标是否达到，教学任务是不是完成，重点是不是讲清楚了，学生对知识点是不是理解并记住了。可以说想到的基本上都是老师自身的输出，有时也会有课堂的某环节的处理反思。但是，如果是公开课，那老师反思的就不只是这些了，或者说反思的重点就转移了，更多的是自己课堂里的展示情景，是自己的设计精彩环节是否得到充分展示，有没有留下遗憾，课堂流程是否起伏跌宕，教材处理的科学性是否引发老师的深思，教学艺术性是否博得老师的欢笑……总之，满心期待听课老师的赞赏，期待专家的褒扬。关注点也在自己身上，而不是反思自己的这一教学对学生的自学能力起到多大的作用，是对大部分学生有用还是部分学生有用，我认为最精彩的环节是否正是学生真正动用了能力的环节？可以说，没几个老师满脑子是学生，都是自己的行为。

## 四、观课时老师的关注点是什么

当前的听课观与评课观，也是造成语文课没有"学生味"的重要推手。浓浓的"语文味"是评课者的主要标准，老师们不得不往这一标准靠，而"教师味"呢？如果一堂示范课看不到老师"教"的特色，看不到老师突出的"才情"，那这样的课不需要评课者说什么，听课老师就先把这种课给毙了。因为听课者都是日常的上讲台的授课者，听课的目的就是要从示范者身上学到处理教材绝招和授课艺术绝技，如果从示范者身上看不到一点新鲜的味，那就会流露大失所望的情绪，所以听课者的关注点自然就锁定老师的教学技艺，语文课堂的语文特色。要是哪个老师敢在示范课里用上 10 分钟让学生静静地看书思考，老师只是来回巡视，而不讲什么，也不演什么，只是个别地交流，那听课者就开始嘀咕、不耐烦了；要是用上 20 分钟让学生自读，那简直是不可思议的事。从教 30 多年来，我还没听过一节大型的公开课、示范课，课堂上执教老师能在课堂上沉默 20 分钟的。因为静悄悄的课堂是体现不出老师的才能的，听课老师是会烦躁的。所有的示范课都是老师不断与学生交流的热闹课，老师开口了听课老师才能学点什么。公开课里的"教师味"就是这么愈演愈烈的。

有人说，语文课堂里的"教师味"是老师用自身的年龄经历在学生面前刷存在感。其实还不是这样，"教师味"还是执教老师在听课老师面前刷自己的"智慧"与"才艺"。

## 第七节　表达阅读："让学"阅读的作文形式

### ——落实语文实践性的方式之七

"让学"阅读的形式——表达阅读，这是一个学生独立自主的语文实践过程，在这个过程中，学生静静地沉浸于自己的语文实践中，充分运用已知去同化或顺应新内容，然后把成果表达出来。

表达阅读是用作文的表达方式，把预习的过程思路和预习成果，用连贯的语言表达成流畅的文章，也即表达阅读。老师阅读后可以了解学生的阅读能力、表达能力、语言习惯等，写"表达阅读"的过程就是学生语文能力的综合训练的过程。预习习作带来的是全新的学习形式。它的"新"可归纳如下。

### 一、语文实践中产生的新运思名称——表达阅读

学生的日常写作总是思考自己的曾经、当下或将来，是以自己的生活为中心，以自己的积累为前提，运思的过程是从外物形象到思维形象，再从思维形象到语言形象的过程，在习作上叫作写作过程的"双重转化"。预习写作不是这样的一个过程，它是从语言形象到思维形象，再重现语言形象的过程，或直接从语言到语言的过程。这个过程不是阅读完一篇文章之后写下感受。即不是写阅读体会、写读后感。它表达的是怎么阅读，读出了什么，即自己的阅读的过程与阅读结果。

这种写作的运思过程其实是自己的阅读过程，它不是记录自己先读什么，后读什么，把自己阅读的过程描述出来，而是要思考自己在阅读过程中读出了什么特有的感受，或是在哪一点上与作者产生了共鸣，这个过程常常是一个不断追问，寻求答案的过程，而执笔写作时却又是逆向的，即从追问的源头写起，一直写到自己的特有感受或说自己的阅读发现，这很像几何中的反

证法。比如一篇文章你看后，闭眼回忆，会发觉某一处印象最深，此刻就问自己，在这篇文章里为什么这个细节给我的印象最深，是什么因素打动了我？打动我的因素是来自自身的还是来自文章里？这个因素是一个单位还是几个单位？为什么这个因素会触动我的情感？作者用了什么样的表达手法，让这个因素凸显出来，打动了我？我从这个打动我的细节出发，会发现作者创作时的思想情感吗？如果有，那么作者的洞见能否给我生活带来启示？就这样不断地追问，然后对追问一一地阅读解答，最后达到自己想要的结论。而写作呢，可以从作者的文字开始，顺着自己追问的逆过程，逐步地进行剖析，最后写出自己的阅读收获。所以预习写作，写作的思维是阅读的思维，是表达阅读，是剖析自己的阅读形式，展示自己的阅读能力。当然，这个过程必然也展示自己的写作能力。

## 二、语文实践后产生一项新的行文内容——表达别人的表达

因为阅读的过程是一个分析、归纳、涵泳、揣摩、体味的过程，表达的内容自然也就是这些动态的结果，但是，这个结果却总是别人的语言，别人的方法，别人的文章结构，别人的思想感情，所以写出来的内容总是别人的表达。其内容实质就是对文章作者遣词造句评析的表达；对文章思想感情呈现形式与实在意义的评价的表达；对文章的脉络、构思角度、布局谋篇，根据课文所要表达的思想感情作出评价的表达；对课文深入理解得出自己感悟或自己发现的表达。所表达的内容基本上都是阅读文章的内容，哪怕是联系生活理解课文获得生活感悟的内容，也还依然要在阅读文章的表达中写出来。这与平时的读后感不同，读后感是先读后感，这后面的感基本上是写作者的思想与感情，写的是自己的内容，是自己的表达。而预习写作则完全是写阅读文章的内容，都是阅读作者的表达，很少是写作者的表达，而写作者的表达，只体现在是否表达好阅读文章作者的表达，即表达好别人的表达，也就体现了自己的表达水平。

表达别人的表达，在语言形式上通常是对别人的语言进行品评，用赏析、评价的语气进行书写，品评的语言虽然出自自己之思，但表达出来时，却总

是附在阅读表达者的语言上，无法剥离开，哪怕是写自己的感悟与发现，可以写出较多自己的语言，但这些感悟与发现也还必须种在阅读表达者的表达土壤中，离开阅读文章的表达，就成了读后感的写法，而不是预习写作。因为阅读写作是表达阅读。

### 三、语文实践后产生一条新的评价标准——阅读发现

评价预习写作，不同于日常作文的评价，预习写作不看写作者的语言是否优美，结构是不是很独特，生活感悟是不是独到，表达是不是吸引读者，抒情是否感染力强。因为是表达别人的表达，在语言与表达手法上受到一定的限制，因而不讲究结构、方法、语言，它有新的评价标准——阅读发现。

对一篇文章的理解是否有自己的发现，有自己的见解，有深刻的体会，这是预习写作的评价标准。一篇文章阅读之后，理解是在文字的表面还是在文字的深层，是只读进了文章的基本内容，还是对文章的表达手法、文章的结构与文章的内容构成一个整体性的理解，这是区分会不会阅读欣赏的标准。如果在表达阅读中，能看到预习者写出了文章字里行间隐藏的意思，能补出文章里留白的内容，能悟出作者的弦外之音，体味情中之情，揣摩出意外之意，即写出了自己个体的阅读发现，就是最好的预习之作。实际上，学生具备这样的阅读能力，可是很多老师看不到，因为没有机会让学生展示，总是用自己的阅读理解，通过提问来替代学生的表达，所以，学生的这种预习表达能力被抵制而退化了。

### 四、语文实践过程产生一种新的习作训练理念——范本教学

由于素读作文在学生自小到大所读的文章都没有出现过，学生从没有接触过这种文章体式，学生心里是没有前概念的，所以进行这项习作教学，需要老师的范本教学。老师不仅要自己写给学生看，还要那么教学，学生才能在观摩老师的整个教学流程中获得启示。

老师的示范教学可以分为以下几步。

(一)改变学生原有的预习笔记内容

学生预习笔记通常都是写：读了_____文章，总共有_____自然段，文章主要写了_____内容，我的体会是_____。
文章后面的问题答案_____。
我摘出的好词好句有_____。

要告诉学生这样填写内容根本不是预习，只是熟悉课文而已。预习是预先学习，就是要自己在老师讲授之前，用脑中已有的知识先自己分析课文，梳理出感受，可以把原先写的内容改变成如下。

(1) 课题是什么意思？在文章里也是字面上那样解释的吗？

(2) 课文主要讲了什么？哪一处给我印象最深？为什么那一处会给自己留下最深刻的印象？作者用了什么方式方法能这么吸引自己？让思考停在这里。

(3) 文章的结构有什么特征？作者在文章里最突出的表达方法是什么？这样的方法表达这样的内容好在哪里？

(4) 词句上我有什么特别的理解？除了自己给文章的注释外，有几处我批写了？

学生可以按这样的步骤进行，预习课文，先回答这些问题，然后试着把这些答案用自己的话连起来。在这一阶段教学，老师可以用这样的步骤进行教学。

经过这一阶段后，学生改变了原有的预习表达方式，这时就可以进入下一步的教学。

(二)引导学生抓住文章的一个点进行辐射理解

在上一步基础上，引导学生寻找文章的一个核心点，从这个核心点出发，不断追问，进行通篇的独特的理解，再把理解的内容依次写下来，构成自己的素读作文。不必面面俱到，重点是要有自己的感悟。如下文。

**谈孩子的机智聪慧**
——《杨氏之子》文本解读
沈艾琪

《杨氏之子》这篇课文，让人读完后感到孩子非常聪慧。

孔君平指着杨梅对孩子说"此是君家果"是在借姓氏发挥，对孩子开一个无伤大雅的玩笑。"杨梅"一词开头第一个字为"杨"。所以孔君平指着杨梅告诉孩子这是他家的果实。如果是一般的孩子，要么无言以答，要不就是说不是或者是，可是，这个孩子不一般，这孩子既没有惊慌、尴尬，也没有生硬地回答"孔雀是夫子家禽"。孩子回答的是"未闻孔雀是夫子家禽"。同样用姓氏开玩笑回击，却用"未闻"二字，既不显得呆板又令孔君平无言以对。

在对话产生之前，也就是产生这段对话的源头，是孩子端出水果招待孔君平，水果与姓氏正好重合一字引发的，这是即兴的问，完全没准备，说明孔君平也机灵；在父亲不在的情况下，孩子能有条不紊招待客人，也体现出了孩子遇事冷静、聪慧。

老师在这步中，要经常通过一个点进行辐射全文的教学法进行讲课，让学生能从教师的讲授中获得更多的潜移默化，在有意与无意中收获更多的印象与灵感，写出较为深刻的理解作文。

（三）全面解读与重点突破相结合写作

学生会抓住文章的一个点进行组合写，引引、谈谈、议议地写出素读作文，就说明已上道了。接着就是引导学生用自己的资历进行细读、深读，在做好充分批注的基础上，进行重点思考，这时的点可以有几个，然后进行点与点的连接，使文章理解深入，也可以体现学生的思维层次。这一步的教学，教师不仅要自己下水写素读作文，而且教学也要按素读作文的思路进行，让学生看着老师的下水文，听着老师的讲解，对应起来，真正地理解老师的教学预习写作之法。学生看老师的下水之作，回忆老师讲课的方式，对课文解读的思路，就很容易进入预习写作的状态。

到这一阶段，学生的预习习惯与预习思维就完全不一样了，实践中发现，学生每次写完素读作文都非常兴奋，很有成就感，在相互交流中，他们会发现作文中有相同的内容，也有不同的感悟。不同的理解，是最容易引发学生的注意，这是比较能力高低之处。学生的预习写作就进入良性循环，可谓是欲罢不能。

阅读中的素读作文不仅反映学生的写作能力，更能展示学生的阅读能力，是学生语文综合素养外现的一种综合形式，也是学生会撰写文本解读的标志。

# 第八节　分享实现"让学"：语文对话教学法的实质探究

## ——落实语文实践性的方式之八

教育家叶圣陶说"为教而学比为学而学来得更真切，也更有效"。这与海德格尔的"让学"思想不谋而合。让学——让学生不断明白既有自己教自己的必要，也有自己教自己的可能。为教而学，让学生当老师，分享阅读成果，不失为语文教学法的良策。

### 一、学生解读文本：阅读分享的前提

"基于自我学习的教"告诉老师，文本解读不能只是老师的事，更是学生的任务，学生进行文体解读，然后把解读的成果在课堂里进行分享，既给别人分享自己的阅读思路，又听取别人的解读思路，正是学生"由教师教的学转变为教自己的学"——学生老师诞生。

在老师的观念中，学生是没有独立进行文本解读的能力的，老师包办了解读的全部任务，老师教前，学生的任务仅仅是熟悉全文主要内容，扫除字词障碍，尝试解答课后思考等，这些都被老师视为最初级的阅读任务。几十年中，没有老师让学生写过文本解读的练习，一些学生自己当上老师后，在工作的最初两年里，都不会写文本解读。

文本解读最初出现在哪呢？师带徒的对话中，即一个新老师要开课了，向师父求教，此时，老教师会让新老师说说自己对课文的理解，借此判断徒弟对文本理解的深浅度；然后，指导出徒弟没有解读出来的内容，或者说出自己的解读成果，此刻，徒弟便有"听君一席话，胜读十年书"的感叹。当徒弟走过一段教学经历后，师徒的问答就改变了，有时师启发徒，有时徒也

能影响师，在分享对比中，师徒都有了进步。其实，这样一个过程才是真正的对话，才是"由基于自我付出的教转变为基于自我学习的教，由教师教的学转变为教自己的学"。

为什么语文教学不能把这种师徒的对话活动转化到课堂中呢？为什么不能把文本解读分享作为语文教学法呢？以下是学生解读《杨氏之子》的实例。

谈会听、会答
——《杨氏之子》文本解读
邓颖珊

### 会听

课文中的孩子十分会听，不然就听不出话外之意。先是开篇交代了人物以及特别之处，引出下文。而杨氏子的父亲不在，孔君平就叫孩子出来，也说明他们关系密切，所以很熟，也知道他很聪明，才会在一时兴起时给他出题。想一想，如果把这么一个问题抛给一个不聪慧的孩子，岂不是极傻无比吗？孔先生以姓作题，作文章，考考小儿，如果杨氏子没有那么聪明，就不会听，不会听就不会答，而课文后面的回答，就说明这孩子极能听，所以，他一下就听出破绽。

### 会答

杨氏子也会答，真是有智不在年高呀！妙就妙在，虽然他听出破绽，但却没有不过脑地说话，而是用反问的句式问："未闻孔雀是夫子家禽。"令孔先生无法还口，十分巧妙。妙就妙在，能在极短时间里理解这话的意思的人不多，能在短时间内就做出有针对性的回答的人就更少，更何况他还回答得那么好，这就突出了杨氏子的"甚聪慧"。

### 听出礼也答之以礼

孔君平并无恶意，只是想考一考孩子，检验一下是不是"甚聪慧"。所以指着杨梅说"此是君家果"，杨氏子从一个"君"字听出了孔君平一个长辈竟然称自己为"君"，说明孔君平不过只是想开一个玩笑而已，并没有讥笑、侮辱之意，所以回答时也用"夫子"尊称对方，一点不失礼节，用上否定句也没讥笑、侮辱之意，真是绝对，礼尚往来。这孩子真是太能听、太能答了。

作为教学多年的老师，都不得不佩服学生的文本解读，每一个分享的学生，在分享中他不正是老师吗？而老师听了学生的分享，也有了新的感悟，不就变成学生了吗？学生的老师与老师的学生，在此互位，这就是对话教学的实质。为了能在课堂里跟同学分享自己的文本解读，学生课前努力解读文本，这样一个过程，正是"由教师教的学转变为教自己的学"。

学生的解读成果足以证明，学生是有能力进行文本解读的，是可以"由教师教的学转变为教自己的学"的。因为在九年的实践过程中，不只是一届的学生能如此，而是几届的学生通过老师的指导都能具备了文本解读与分享的能力。可见在小学中高年级，这种语文教学法的转型是可行的。

## 二、如何培养学生文本解读与分享能力

### （一）从批注教学入手

批注学习是阅读过程常用的方法，也是阅读应该养成的习惯，培养学生文本解读能力就可以从批注教学入手，让学生学会细致地批注，然后在此基础上教学生用"联系"思维，思考自己对文章的理解，例如以下案例。

老师示范批注学习法，边展示边讲解为何这里可以作批注，能这么理解。一段一段讲，讲一段学生练一次。

### 冀中的地道战

（课题批注：地道战三字想到，地道与战；课文是不是讲这两点内容，地道样式与地道作战特点？）

1942—1944年，（批注：开始阅读时，只觉得这是告诉我们地道战产生的时间，仔细阅读多遍后，发现不仅告诉我们地道诞生的时间，更是告诉我们在这一段时间里，人民群众完成了纵横交错的地道，工程之大，日期之短，是个奇迹。与"奇迹"联系起来了）日本侵略军在冀中平原上"大扫荡"，还修筑了封锁沟和封锁墙，十里一碉，八里一堡，想搞垮我们的人民武装。（批注：地道产生的严峻背景，敌人计划周密、企图明显，暗示人民武装斗争艰难，难以进攻只能退守，时间3年，为下文制造奇迹埋下伏笔）

为了粉碎敌人的"扫荡",冀中人民在党的领导下,创造了新(批注:"创造"一词说明前所未有的,无可模仿的,体现人民的智慧)的斗争方式,这就是地道战。(批注:"这就是"不仅说出地道战的意义,在严酷的背景下创新出来的,而且还有情感在里面,有自豪感)

说起地道战,简直是个奇迹(批注:简直,有惊讶、自豪之意,赞扬之情在这里体现出来)。在广阔平原的地底下,挖了不计其数的地道,横的,竖的,直的,弯的,家家相连,村村相通。敌人来了,我们就钻到地道里去,让他们扑个空;敌人走了,我们就从地道里出来,照常种地过日子,有时候还要打击敌人。(批注:介绍了地道的灵活,在作战中的意义)靠着地道这种坚强的堡垒,冀中平原上的人民坚持了敌后游击战争。

学生练习下一段,老师巡视,个别指导,然后请学生上台展示,细致教学。指导学生细细品味课文的语言。

地道的式样有一百多种。(批注:"式样一百多种",可怕的数字,三年里就是要想出这个数都了不起,更不用说已挖掘出来,而且使用了。结构、样式,作用等如此细致而周到在地下完成,不能不说是奇迹)就拿任丘的来说吧(批注:举例子说明,能把要介绍的内容更清晰地介绍给读者),村里的地道挖在街道下面,跟别村相通的地道挖在庄稼地下面。地道有四尺多高,个儿高的人弯着腰可以通过;地道的顶离地面三四尺,不妨碍上面种庄稼。地道里每隔一段距离就有一个大洞,洞顶用木料撑住,很牢靠。大洞四壁又挖了许多小洞,有的住人,有的拴牲口,有的搁东西,有的做厕所。一个大洞容得下一百来人,最大的能容二百多人。(批注:举例实证了地道的结构,作用和作战意义)洞里经常准备着开水、干粮、被子、灯火,在里面住上个三五天,不成问题(批注:这一词包含着作者对地道自信、自豪的感情)。洞里有通到地面的气孔,从气孔里还能漏下光线来。气孔的口子都开在隐蔽的地方,敌人很难发现。人藏在洞里,既不气闷,又不嫌暗。有的老太太把纺车也搬进来,还嗡嗡嗡地纺线呢。(批注:"既……又……""还……"不仅自豪地赞扬地道的好处,还用看似闲笔来表达骄傲、乐观的情感)

在老师长时间的示范引导下,学生对批注法的运用就会越来越细致,越来越娴熟。

## （二）串联批注成果

批注后从零归整，整体感悟课文。

在批注学习过程中，学生容易只看到句子意思、段落意义，不能主动联系起来，从篇章结构上去理解课文，所以，在学习批注理解后，老师要引导学生归纳，通过联系全文法，引导学生学会质疑，思考全篇的意义，作者的感情和文章结构、方法等，才能进入深度的语文学习。

批注后思考：本文作者想表达什么？是否有自己的感情在里面？是什么感情？从哪些句子中体现出来？这些是学习任何一篇文章时都可以思考的问题，学生可以常用。

本文作者想表达人民的智慧是无穷无尽的，人民能创造奇迹。课文重点落在"奇迹"上，那么作者是怎么表达奇迹的？

关键词一：创造了新的作战方式。说明这是战争史上没有的，无法模仿，想出新的点子保护自己就是奇迹，更不用说还能抵御敌人，甚至粉碎敌人恶毒的扫荡。

关键词二：数量多、结构奇。村村相通，家家相连，像一张网；容量大，在地道里可以像在地面一样生活、生产。简单的工具，短暂的时间里建出宏大的工程。

关键词三：设计巧，能应对各种破坏。用简单的原始的方式对付具有现代化的先进的破坏物。

关键词四：作战活，不因地下而被动。人民不但坚持了生产，还有力地打击了敌人。

作者在叙述中用敌人的破坏来衬托人民的应变，叙述中充满了自豪感，敬佩感。"有线电与无线电"的比喻中就隐藏着喜悦与自豪的感情。

在表达方式上，先概述后分述，让我们能快速知道这段讲什么，还用设问来引发我们的兴趣，用叙述与议论表达出自己的观点。

## （三）化整为零，串联为整

化整为零其实让文本解读过程有一个阶梯，即让学生只从一个侧面去解读，不必面面俱到，这样学生在初期会感觉容易一些。如只写某一点，以

《詹天佑》为例，学生可以谈"詹天佑的杰出"，可以写"嘲笑与回击""课文的选材""文章的结构"等，即选个自己读出的最有感受的点，然后进一步提升到综合写，即对文本多方面的解读。串联为整——还以上面的《冀中的地道战》为例，可以把原先理解的关键词综合起来，写成如下。

我读懂了"惊人的奇迹"

《冀中的地道战》这篇课文，作者以任丘地道为代表，讲述了地道的数量、样式、结构特点以及灵活作战等特点，赞扬了人民的智慧是无穷无尽的，非常自豪地表达了自己的感受——地道战是抗日战争史上的一个奇迹。那么作者是怎么叙述自己的思想与感情的呢？下面就重点谈一谈"奇迹"。

**奇迹一：时间短、创造多**

课文开始介绍了地道战产生的时间，其实作者不仅仅要告诉我们地道战是什么时候出现的，更是要告诉我们地道战诞生与使用的时间长短。结合地道产生背景，我们就能读出地道的出现是不容易的。首先，挖地道用时不易，因为要生产、生活，挖地道并非是唯一工作，生产劳动时间是要扣除的，日常生活时间也是要有的，加上有鬼子来扫荡，是要避开的，鬼子把地道破坏了是要重修的，扣除这些时间，在3年时间里，挖掘出纵横交错、村村相通、镇镇相连的地道，不得不说是一个奇迹。更不用说侵略者"大扫荡"，还修筑了封锁沟和封锁墙，十里一碉，八里一堡，这种严峻环境里工作会出现什么意外，都随时有可能，可是他们却创造了这样伟大的工程。因而课文用了"简直"一词，这里面包含什么呢？

**奇迹二：新的斗争形式**

课文中说"创造了新的斗争形式"，好像是一句闲笔，其实是作者主观有意的神来之笔，是作者要极力告诉我们地道战是抗日战争史上还没有出现过的，是新的作战方式，没有可模仿的，没有可借鉴的，完全是人民群众在党的领导下从无到有的一个新事物。新事物不仅保护了自己，还很好地打击了敌人，这种新的斗争方式真是出奇制胜，让鬼子晕头转向，想起地道就后怕，这不能不说是个奇迹。

**奇迹三：地下网状结构**

人民群众挖掘地道是一个奇迹，地道本身也是一个奇迹。首先是数量多，多到不可计数，多到敌人想破坏都破坏不尽，甚至找都找不出来；其次是形式多样，因地制宜创造出各种地道，在没有前人创作、没有借鉴的情况下能挖出各色的地道，已经非常了不起，而且结构还多种多样，只要现实需要就有相应的结构，地道成为群众的另一个家园，最重要的是这些家园之间竟然是联系的。地道在地下像蜘蛛网一样，交错联结，信息互通，单单这样的网状结构图布于地下就是一个奇迹。

奇迹四：作战灵活

作者详细地向我们介绍了群众是怎么利用地道同敌人作战的，许多新的创造，我们读了都佩服不已，如：设置迷惑洞，只迷敌人而不会迷自己人；设计"卡口"让地道成为"一夫当关，万夫莫开"的堡垒；设计陷坑，既可以保证洞口的隐蔽性，又可以让敌人望而生畏。在网状结构的地道中，可以知道敌人的进出行踪，又让敌人成了瞎子；根据实际情况决定是隐蔽还是进攻，是开枪还是投弹，决定之后都可以保证万无一失；就是强大的敌人，在地道战中也处于被动局面，这样的斗争方式怎么不是奇迹呢？

奇迹五：巧应对

尽管敌人很强大，很毒辣，但在地道战中，他们变被动了；就算敌人采用了现代战争的先进武器，如火枪、毒气弹等，人民群众都能想出相应措施，来化解敌人的毒招，真是办法总比困难多，这就是智慧，也是作者在文字里流露出的感情；"有线电""无线电"的描写不仅突出群众的创造力，同时也传达出人民群众在艰苦奋斗的日子里，依然有着乐观的精神，也是作者要表达的奇迹之一，即人民群众的智慧与乐观就是伟大的奇迹。

因此，从奇迹的表达看，我们已经读出了作者想要表达的思想，也读出了作者写文章时的内心情感，一种民族自豪感隐藏在字里行间。

老师给学生这样的示范，学生学起来会比较容易，从实践看也确实如此。

### 三、学生老师分享阅读，语文"让学"的教育学意义

当教会学生解读文本后，语文课堂在形式与实质上都发生了极大的变化，

可以说是从提问教学法向对话教学法的转型。

分享式阅读的课堂里，没有了老师推进课堂程序的提问预设，没有师生的那种一问一答，而是大块的时间里，学生在默默地读书或写解读，或是小组分享文本解读成果，同伴间进行头脑风暴；或是学生上讲台当老师，给同伴们分享自己解读的成果，讨论解读中的差异；或是老师分享自己的解读，抑或是老师针对学生的解读，提出更深刻的讨论问题，让全班同学再次讨论，"在双方的'走向'中，生成一种新的教育图式"。这种教学转型的意义，在于它更加贴近后现代课程观的"对话"教学。"对话"教学有三个指标。

首先，对话就其本质而言是不可指示的，不可预设的。

在文本解读与分享式语文教学中，因为老师很难知道学生解读文本会达到什么程度，是有独特的理解，还是只有一般的字面理解，还是某一处的理解已超越了老师。所有这些都是未知，老师只能自己准备好自己的解读成果，然后与学生交流碰撞，从中判断自己在课堂里是该引导还是该讨论，是该讲解还是只要跟学生分享自己的解读就可以了。所有这些预设都无法确定，得视课堂中的分享情况而定，教学结果只能由"对话"本身所推动，老师只能静观其变，顺势而教。

其次，课堂对话的平等性。

很多老师把课堂里的提问、理答也称之为对话，以为学生与老师之间对上了，学生与学生之间争论了，这就是对话，其实这种对话不是教育学里的对话，而是日常概念。多尔在《后现代课程观》中提出的"对话"是非常重视"水平性"的，他把老师的地位称为"学生中的首席"。老师是起组织、引导、参论、评价作用的。而当下的课堂问答教学则是没有"水平"的。为什么这么说呢？因为文本解读只有老师经历，老师掌握了文本的旨意，对文本有了深度的理解，学生只是预习，只是粗解，这之间就存在着极大的不平等；老师把解读的答案当作教学内容，把答案藏起来，然后设计一个个问题，让学生们去寻找老师藏着的那个答案，这之间哪来的平等？一个脑袋里根本没有文本解读内容的学生，如何跟一个头脑里装满了答案的老师进行"水平"对话呢？师生之间只能是教与被教，控制与被控制的关系，学生只是跟着老师的预设学习罢了。

文本解读分享式课堂则不一样，学生也经历了文本解读，可能会比不上老师，但是，以他的经历与联想，跟文本进行了对话，脑袋里也装满了自己的阅读理解，此刻学生就有了交流的本钱，各人有各人的理解，各人有各人的文本解读经历，这才是有"水平"对话的基础，对话才能"对"起来。这样的分享课堂，老师才像是组织者，而不像是主控者，学生不是配合老师，完成老师的教学预设流程，而是在分享中比较我与你的理解差异在哪，看到自己在文本解读中的弱点与优势，尔后就共同的问题进行深入探讨，在学习的过程中平等共进，包括老师也可能从学生的分享中获得启发，而有新的方向。

最后，学不但在教之前，更在教之中，对他来说教就是学。

王尚文教授的《走进语文教学之门》一书，引用了保罗·弗莱雷的理论，其中有一小段是："教师的学生以及学生的教师等字眼将不复存在，新的术语随之出现：教师学生、学生教师。教师不再仅仅是传道授业者，在与学生的对话中，教师本身也受益，学生在被教的同时反过来也在教育教师，他们合作起来共同成长，学不但在教之前，更在教之中，对他来说教就是学。"

当下的提问教学，老师很难从学生的回答中获得成长，因为老师是把答案藏起来，让学生猜谜，老师是居高临下的，是传授知识的，学生只能从老师那里学，而老师则难从学生中学。老师就是老师，有知识权威；学生就是学生，是接受学习，这种不平等性决定师生难有共同成长。

文本解读分享式教学，学生在教之前就已学，当学生走上讲台时，他已成为"老师"；老师在讲台下听学生的解读成果，老师已变成"学生"，而不只是评判者，应该是听众、欣赏者，抑或是学习者，因为有些学生的解读会让老师惊喜不断，会给老师带来新的思考，不仅学生在共同成长，老师也在教与学中成长。

近年来，随着语文核心素养探索的深入，老师更加重视语文课堂的深度教学，重视阅读中的"深度学习"。当下的提问课堂是很难完成这样的探究的，语文教学法需要转型，要从"讲问课堂"向"分享课堂"转型，从"问答"模式向"对话"模式转型，阅读从"教学"转向"让学"，语文核心素养的养成才可能更好地落地。

第七章

"让学"阅读教学课堂展示

# 第一节　紧扣一"叹"解全文

## ——《草船借箭》教学设计

[教材特征分析]

这篇课文是人教版五年级第二单元的一篇精读课文，旨在让学生了解祖国的历史，通过学习，按事情发展的顺序写清一件事。这篇课文是根据我国著名历史小说《三国演义》中有关"草船借箭"的情节改写的。故事是在东汉末年，孙权、刘备联合抗曹的时候发生的，课文写了周瑜由于妒忌诸葛亮的才干，要诸葛亮十天造十万支箭，以此迫害他。诸葛亮同周瑜斗智，用妙计向曹操"借箭"，挫败周瑜的算计，表现了诸葛亮的神机妙算，才智过人。

课文《草船借箭》很特别，文章中有许多关键词语，内涵丰富，一个词语的内涵会辐射全文，解开一个词语的内蕴，也差不多解开了全文的内蕴，真有牵一发而动全身的效果。

课文的最后一句："周瑜长叹一声，说：'诸葛亮神机妙算，我真比不上他！'"许多教师解读中都会抓住"神机妙算"来解全文，这是很不错的。不过这里还有一个更为精简的词"叹"也有异曲同工之妙。这个说话前的提示语，真是奇妙无比，内蕴深刻，是课文的"一发"。表面上，课文直接写出"叹"似乎只是叹"诸葛亮神机妙算，我真比不上他！"但我们回顾全文，会发现这句话中有话，叹息的内容很多，叹息的情感也很复杂，于是，这个字就不仅包含了文章思想内容，包含文章人物的情感，也包含了作者的观点，作者的情感，读者的情感。一个"叹"字连接了作者、读者、文本人物的情路与思路，如果用心理学的术语说，那就是"叹"是文章的全息元，个体蕴藏的信息在潜态上包含了整体的信息，抓住全息元就可以重演全文。下面我们具体分析。

周瑜"叹"的内容：第一叹，叹人——诸葛亮，叹诸葛亮的智慧——神机妙算，算天时、算地利、算人和都妙如神算。自己真比不上他！在周瑜看来，他比不上诸葛亮的仅是诸葛亮会神机妙算，自己不如，而实际上，作者要表达的却不止这些。这仅仅是周瑜的智谋比不上诸葛亮。

第二叹，依然是叹人——鲁肃，与自己一样智不如人尚可接受，可叹的是，明明是自己的人，却为他所用，隐瞒实情，派他去探听消息，不但没有准确消息，反而帮对手一个大忙，也可谓是成事不足，败事有余。早知如此，还不如不派他去"探听探听"，派去碍事的人反而成其事。真该叹！这是周瑜识人、用人的本领比不上诸葛亮。

第三叹，叹事——造箭，自己一心只想到箭是造出来的，而诸葛亮却想到箭除了造出来，还可以"借"来，一造一借的智慧本就该叹。再看事因——因妒忌而生事为难加害，自以为心计得逞，却早被人识破，顺势反将，自讨其辱，真该叹那句古训：害人之心不可有；事的过程，自己设计重重障碍，全都化为多此一举，对敌——曹操都在助他一臂之力，连老天也在帮助他，不得不在叹诸葛亮智慧的同时，也叹他的天命；事的结果，如期交箭，自己又在创造一个让他战胜自己的机会，是自己的心胸狭隘成就了他的光辉形象，自己在给对手脸上贴金。这是思维的灵活性比不上诸葛亮。

第四叹，叹时——正好第三天会有雾，为什么自己要在这个时间里为难他，过了三天，就不会再有"借"箭的好时机，可是自己偏偏就等不及，让诸葛亮有了天时，要是提早也没这样的时机，为什么非在这天交给他任务呢？说是天意，还是智慧不如人啊！能不叹吗？这是周瑜的才华与运气比不上诸葛亮。

第五叹，叹时间数字——十天与三天，十天造十万支箭，自己已经觉得天方夜谭了，可是对方却还说只要三天，这不正是证明自己技不如人吗？这是思维的开放度不如诸葛亮。

第六叹，叹城府——叹诸葛亮"欲擒故纵"。明知自己要为难他，却故意不露声色说："愿意立下军令状，三天造不好，甘受惩罚。"让自己空欢喜，还真的叫诸葛亮当面立下军令状，让自己露出妒才面目。这是城府比不上诸葛亮。

第七叹，叹感情，周瑜的叹是复杂的心理与感情：无奈情——在事的结果面前不得不服输,一种妒忌而又万般无奈的情感;妒忌情——诸葛亮越能周瑜越妒忌,一种更加强烈的除去诸葛亮的心理在无奈的情绪下产生,所以那种"既生瑜,何生亮"之情已在心中隐隐作痛,加深了对诸葛亮的仇恨心理;后悔情——后悔自己计策落空,悔自己粗心用人,悔思考单一,悔自己未作深思。诸葛亮已说"第三天派五百个军士到江边来搬箭",面对这暗示都未作分析;叹自己苦心酝酿的计划,却让诸葛亮一显才华,而自己却落得笑柄。这叹是从口舌到内心的叹,叹出了真情实感。叹出的是心服口服,但气量不服,叹后增加的不是敬情而是更加的嫉恨,这是心胸比不上诸葛亮。

所以周瑜是"长叹"一声,把所有的悔情、妒情、狠情、羞情、恨情全化着万般无奈之情长长地叹出来。

这一叹,不仅是周瑜要叹,鲁肃要叹,曹操要叹,我们读者也会跟着叹,读者的情感由周瑜制造的紧张,到诸葛亮四两拨千斤的轻松解决过程,产生对人物的敬佩之情,和那故事情节给人的紧张感,都会随着周瑜的这声长叹,而抒发出来,这一叹是读者阅读的情感落脚点,也是读者抒情的借助器;这一叹还是作者对人物情感褒与贬的流露口,作者的喜厌、褒贬借用文章角色之口而传递出来。作者、读者、角色三者之情汇聚于一个"叹"字。

基于此理解,教学这篇课文,我们可以采用"球形教学法"处理教材,即以"周瑜长叹一声,说:'诸葛亮神机妙算,我真比不上他!'为球心,把教材分成三块球面——"索箭、备箭、借箭",进行教学。

[学生学习情况分析]

这篇课文文学性很强,故事情节很吸引人,学生爱读,但是,学生的阅读往往只停留在故事情节上,对人物特征只有一个比较粗浅的认识,学生通过自主学习很难深入文字背后所蕴藏的思想、感情,很难领略语言的精妙;而且,依据学生的心理特征,学生学习的思维关注点在借箭的过程上,学生的情感会停留在"军士擂鼓呐喊"上,这个情节是学生最喜欢的,当然,课后的这句——"周瑜长叹一声,说:'诸葛亮神机妙算,我真比不上他!'"也会让学生感兴趣,这适合他们的心理特点。所以,教学可以从这里切入,即先抓住球心,再辐射全文,进行研读学习,这也符合高年级学生的学习能力。

[教学目标设计]

本组教材读写的训练重点是"分清事情的前因后果"。教学时，把这一训练重点有机融进整个教学过程，使学生知道草船借箭这件事有它的前因后果，文中每个细节也有它的前因后果。让学生在理清课文叙述顺序和理解课文内容的基础上，学习、掌握分清事情前因后果的方法，并能在学习本组教材的后两篇课文时加以运用，进一步提高阅读能力，并领会其在作文上的作用。基于此，教学目标如下。

1. 理解课文内容，能表达出诸葛亮借箭成功的主要原因是，他有杰出的才干和顾全大局的广阔胸怀。

2. 理清文章叙述的顺序，在理解课文内容的基础上分清事情的前因后果，领会其在阅读和写作中的作用。

3. 学会本课的"妒、督、鲁"等11个生字，以及妒忌、商议、推却、探听等8个新词语。会用"委托""轻易"造句。

4. 有感情地朗读课文。

5. 学习从重点词入手读懂课文、探究课文的读书方法。

本课的教学目标围绕上述的第1、2、4、5进行。教学重点是"诸葛亮是怎样利用草船借箭的"，教学难点是"了解诸葛亮借箭为什么能成功，体会诸葛亮的神机妙算"；能说出"长叹"的复杂感情。为突出教学重点，突破教学难点，全面落实本课时的教学目标，教学过程要遵循因材施教、循序渐进的原则，努力启发诱导，变"教'"为"导"，变教为学生探索、发现的过程。针对训练的重点项目和课文的特点，设计富有思考价值的重点项目，和符合课文特点、富有思考价值的、多层次、多梯度的问题来导读课文，引导学生多问几个为什么。充分发挥朗读、默读对理解课文内容、发展语言、陶冶情操的作用，加强学生对语言文字感受力的培养。

[教学方法设计]

自主合作探究法、球形教学法、读写结合法

[设计理念]

按照《语文课程标准》的要求——积极倡导自主、合作、探究的学习方式；课标对高年级的阅读要求：在阅读中揣摩文章的表达顺序，体会作者的思想感情，初步领悟文章的表达方法。在交流和讨论中提出自己的看法，作出自己的判断。本堂课主要采用自主、合作、探究的学习方法，充分引导学生在研读与交流中解决问题，使学生读而思，思而疑，主动参与到探究过程中，培养学生的创新意识和自学能力。

[教学课时设计]

3课时

[教学过程设计]

## 第一课时　教学设计

一、复习导入

大家还记得《赤壁之战》这一课吗？课文讲的是谁与谁之间的故事？今天我们再学习一篇也是讲这些人物之间的故事——《草船借箭》，不同的是，赤壁之战是火战，草船借箭是看不见的智战，在这场智战中，周瑜大败而叹。请读课文，学习生字、新词。

1. 检查学生生字掌握情况，为后面自主学习打下基础。

2. 检查学生读通读顺课文情况，进一步熟悉课文。

二、说说故事的主要内容，分析故事的前因后果

1. 文章讲述了周瑜妒忌诸葛亮的才干，要诸葛亮十天内造出十万支箭，以此来陷害他，诸葛亮为顾全大局，与周瑜斗智，用妙计向曹操"借箭"，挫败了周瑜的暗算。说明诸葛亮有胆有识、谋划周密、才智过人。

2. 故事的表面前因是周瑜要诸葛亮三天内造十万支箭，结果是诸葛亮如期交箭；实质前因是周瑜妒忌诸葛亮的才干，故意设局陷害诸葛亮，结果大败而叹息，不得不承认自己不如诸葛亮。

（设计理念：让学生初步整体感知课文，从整体上让自己的理解与初读后的感情相通。重视知识与情感的融合）

三、交流阅读感受

1. 默读课文，说说课文的哪一处最让自己感动，或者说你最喜欢课文的

哪一段或哪一句话，谈谈自己为什么会感动或为什么喜欢那段、那句。

2. 说说你对文章中人物的看法。

四、交流阅读问题

读这篇文章过程中，你有什么问题想问的，请列出来。

（设计理念，教学要了解学生已经懂得了多少，哪些是不要教的，哪些是要多花时间教的，比较与自己的设想有多大差异，进而确定自己的教学。这是现代教育理论的要求，也是教学的规律；也是课标要求的尊重学生阅读的个人感受，尊重学生的个性化理解）

五、教师小结，并让学生写字

## 第二课时　教学设计

一、激发好奇，问题导入

1. 讲《三国演义》周瑜命丧巴丘的故事。周瑜临终前曾对苍天悲叹"既生瑜，何生亮"，知道是什么意思吗？

2. 课文中也有一处写出了周瑜的心情，请找出这句话在哪。

二、提出球心句，破译全息元——"叹"

1. 请读出这一句话，请想象，深入人物的内心，怎么读出这句话的感情？

周瑜长叹一声，说："诸葛亮神机妙算，我真比不上他！"

2. 说一说周瑜"叹"什么，由叹引出"算"。

（1）叹诸葛亮神算：算天——三天内必有大雾；算地——水上借箭可行；算人——鲁肃可靠、可用；曹操生性多疑、办事谨慎，必不敢出兵。引导学生研读课文借箭过程的内容。（回到球心，周瑜该不该叹？）

（2）叹自己有意设陷阱加害诸葛亮，却在无意中成全了诸葛亮。引导学生研读课文"索箭"内容。（回到球心，周瑜该不该叹？）

有一天，周瑜请诸葛亮商议军事，（周瑜不怀好意地试探）说："我们就要跟曹军交战。水上交仗，用什么兵器最好？"诸葛亮（想，周瑜又要玩什么把戏了，他稍加思索）说："用弓箭最好。"周瑜（正中下怀，竖起大拇指）说："对，先生跟我想的一样。现在军中缺箭，想请先生负责赶造十万支。这是公事，希望先生不要推却。"（诸葛亮想：果然不出所料，他又要为难我了，我就来个将计就计吧。于是）诸葛亮说："都督委托，当然照办。不知道这十万支箭什么时候用？"周瑜（暗自高兴，这小子上当了，便试探地）问："十天造得好吗？"诸葛亮（故作惊讶）地说："既然就要交战，十天造好，必然误了大事。"周瑜（惊讶地眨巴着眼睛）问："先生预计几天可以造好？"诸葛亮（胸有成竹地）说："只要三天。"周瑜（想，你在说大话吧！便正色）说："军情紧急，可不能开玩笑。"诸葛亮（拍了一下胸脯）说："怎么敢跟都督开玩笑？我愿意立下军令状，三天造不好，甘受惩罚。"周瑜很高兴，叫诸葛亮当面立下了军令状，又摆了酒席招待他。诸葛亮（想了想，补充）说："今天来不及了。从明天起，到第三天，请派五百个军士到江边来搬箭。"诸葛亮喝了几杯酒就走了。

（3）一切都在诸葛亮的神算之中，叹自己怎么就一根筋——箭是造出来的，而诸葛亮却能想到可以"借"来，诸葛亮怎么就算到造箭必死，借箭得生？研读——鲁肃对周瑜说："十万支箭，三天怎么造得成呢？诸葛亮说的是假话吧？"周瑜说："是他自己说的，我可没逼他。我得吩咐军匠们，叫他们故意迟延，造箭用的材料，不给他准备齐全。到时候造不成，定他的罪，他就没话可说了。你去探听探听，看他怎么打算，回来报告我。"（回到球心，周瑜该不该叹？）

（4）鲁肃见了周瑜，告诉他借箭的经过。此时周瑜内心是什么滋味？引导研读周瑜情感的变化过程：设陷前——满心的妒火；设陷时——暗自得意；诸葛亮没有动静时——疑惑不解；诸葛亮如期交箭——悔恨交加；听了鲁肃的报告——惊奇而又万般无奈；面对十多万支箭——不得不长叹。（回到球心，周瑜该不该叹？）

（5）周瑜在叹时，诸葛亮却在笑。找出课文中描写诸葛亮笑的句子，诸葛亮的情感是怎么变化的？他在笑什么？再次引导学生整体研读课文。（回到球心，周瑜该不该叹？）

（设计理念：课标在教学建议中强调："语文教学应在师生平等对话的过程中进行。语文教学应激发学生的学习兴趣，为学生创设良好的自主学习环境。"通过问题情境导读，教师放手让学生自主、合作探究学习，通过交流分

享,把学习推进深入研读之中)

三、带着自己的理解有感情地朗读课文

四、板书设计

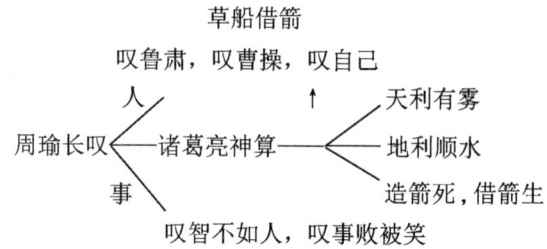

## 第三课时　教学设计

一、复习周瑜的"叹",导入新的研讨

1. 学生简述上节课的收获。

2. 读到课文这里周瑜是深深地长叹了,那么作为读者的你,读了课文叹了没有?你会叹什么呢?

3. 课文的作者他叹了吗?他会叹什么?

(设计理念,理解作者的感情,读出自己的感受感慨,贵在个人的体验)

二、进一步强调学习重点

1. 请说一说草船借箭的前因后果,用"因为……所以……"说。

2. 说说借箭能成功的前因后果,也用"因为……所以……"说。

3. 说说诸葛亮算人、算天、算地、算时的前因后果,可用"因为……所以……"说。也可以用"之所以……是因为……"的句式说。

4. 说一说周瑜长叹的前因后果,用"由于……因此……"的句式说。

三、读写结合,两题选一题写

1. 叹里评周瑜。

2. 笑中谈诸葛。

四、拓展引申作业设计(二选一)

1. 用前因后果表达法写"借"箭之后怎么"还"。

2. 阅读《三国演义》相关章节。

反思：这是一节难度极大的课，学生没有探究学习基础是不会有这样的结果的。这节课是建立在粘连教改实验基础上的一节课。学生已经历了较长的探究学习训练，已有了较好的收集处理信息的能力，有了自己提出问题、解决问题的能力，以及相互配合的能力。否则仅凭教师课堂上有限的提示是绝对不够的。教师的提示仅仅起引路作用。

另外，课文本身非常适合合作讨论学习。课文有许多关键处，钻进去都能较好地剖析全文，感受主题，把握人物的性格特征。抓一词学全文，就是因为所抓的这一词，具有特别的内涵，它能引出其他关键词，通过提出问题法深入探讨就能牵出线，而统领全文。如"神机妙算"是全文的中心词，算什么（天、地、人、事、时）贯穿了全文。"算人"，文章一开始，诸葛亮的态度就体现出他胸有成竹，早已料到周瑜妒己、害己，而顺其自然，巧妙制服。所以他的笑，就有着较为深刻的意味。于是可以引出议"笑"，通过议"笑"又可学到作者表达人物手法之妙。就这样连环地学习，包括本课中三组的问题都可串起来，从而更深地体会，学习。

## 第二节 《慈母情深》课堂教学简录

[教学过程]

师：经过了一段时间的训练，从批注阅读到写预习作文阅读，大家的阅读能力有了极大的提升，今天我们利用课文《慈母情深》来检验一下大家的素读水平，也就是在老师没有提供任何信息的前提下，就凭你们自己已有的知识去读本文，看你们能读到什么程度。下面就利用一节课的时间，大家交流，比对，看看你们的素读水平。请拿出自己的预习成果，注意听同学朗读，边听边比对，同学读懂的内容和你读懂的内容有何同异。

请举手决定朗读先后顺序。

## 生1：谈"穷"

《慈母情深》这篇文章开头两段就写出了"我"的愿望是想买一本《青年近卫军》，价钱一元多。母亲从没给过我这么多钱，我在这句中感到了疑惑：一元多钱的书很贵的吗？现在的我们轻而易举就能拿到了，玩一下游戏就有10个珠子的钱，在那时竟可以买一本书，可见那时的物价是多么低啊！

我接着读，又看到了一处关于"穷"的句子：那时我家的破收音机已经卖了。为什么要卖呢，破收音机里不也是可以听《青年近卫军》吗？原来，他家穷啊！破收音机卖了，是为了维持生计啊！但是，她不会换一份工作吗？可见，当时工作是多么难找啊！可见，他们家穷啊！

我又从第26段中看出了他们家的穷。"母亲掏衣兜，掏出一卷揉得皱皱的毛票，用龟裂的手指数着。若他们家很富有，毛票会揉得皱皱的吗？若他们家富有，还要数钱吗？肯定是直接把一卷钱塞给他，让他把买书剩的钱去买其他东西了啊！可见，他们家穷啊！

还有，他买了个水果罐头给母亲，那他母亲应该开心啊！为什么还生气呢？因为他们家穷啊！

我又读下去，读到了一个句子，可是我感觉那时，他们家不穷了。"又给我凑足了买《青年近卫军》的钱。"奇怪，他们家不是穷吗，那为什么又给他钱呢？照理说他买了其他东西，母亲应该不舍得再给他那么多钱啊！为啥还要给呢？是，他们家穷。可是，母亲是喜欢他爱读书的。但是，母亲就不怕他再去买其他的东西了吗？可见，这也是个信任的问题。

穷，也有不同穷的方式，那关键是看你选择哪一种。上天不会给你安排的，因为你只能自己选择。穷人，一部分穷人也可以变成富人，因为你在精神上富有了。

师：这位同学一边读一边提出疑惑，然后自己试着解答。通过这种方式把课文读懂，这是一个很好的阅读方法。只是他读懂的这些内容，你们有没有不同的想法？可以说一说。

生：他读出了穷，穷确实是这个家庭的特点，可是他有些地方说得不够好，比如"可见，当时工作是多么难找啊！可见，他们家穷啊！"这么说，听起来别扭，要是这么说："他们家穷，是因为那时挣钱的机会少啊，换个工作的机会都难有。"感觉会顺一点。

生：我觉得他最后一段的感悟有点想当然，跟课文关系不大。

师：你们真会听，这位同学理解方法不错，但在表述上确实还需要改进。好，请听下一位同学的预习成果。

### 生2：慈母情深

看到这个题目《慈母情深》，我就知道这是一篇关于母亲的文章。从"慈母"可以看出"我"的母亲是慈祥、善良的，"情深"则可以看出母亲对孩子们深深的爱。

课文讲的是，我一直想要一本《青年近卫军》，于是，我就向母亲两次要钱买书的故事。

《青年近卫军》，书价一元多钱，"一元多钱"的物品在当时算是奢侈品了，可是"我"还是很想要这本书，说明了"我"对书的渴望和热爱。

母亲没有一次给过我那么多钱，"我"也从来没有向母亲一次要过这么多钱。两个"一次"体现出了"我们"家十分贫寒。

但我想有一本《青年近卫军》，想得整天失魂落魄。从"但"字可以看出，"我"想要向母亲要钱买书，而"失魂落魄"可以看出，"我"对书渴望至极。

"我从同学家的收音机听到过几次《青年近卫军》"和"我家的破收音机已经卖了"，采用了对比的手法，说明"我"家收音机不能听《青年近卫军》。"被我和弟弟妹妹们吃进肚子里了"而不是说"被我们一家人吃进肚子里了"，说明母亲为了填饱"我们"的肚子，自己忍饥挨饿。

我来到母亲工作的地方，扫视了一遍，却没有发现母亲。这说明母亲的工作十分辛苦，环境十分恶劣，使"我"都认不到母亲了。

看见一个极其瘦弱的脊背弯曲着，头和缝纫机挨得很近。说明母亲为了养家糊口，顾不上自己的身体，而变得瘦弱。

第16段，出现了三个"我的母亲"，这里充分表达了"我"对母亲感激、热爱和崇敬的感情。而且这段话与平常的句子不一样，作者采用的是倒装句，将人物的动作和神态放在首位,突出了母亲身体疲惫和工作的艰辛。

当我向母亲要钱买书时,母亲便给了我一元五角钱,旁边的一个女人却不满意我母亲的做法,她说:"母亲挣钱那么辛苦,还要供你看闲书吗?"可母亲却说她高兴我爱看书,便又忙碌起来。这说明了母亲赚钱的艰辛和不容易,更体现了母亲对"我"深深的爱。

第29段,出现了四个"立刻",说明母亲为了一家人的生活,争分夺秒,艰苦赚钱。

那一天我第一次觉得自己长大了,用买书的钱,给母亲买了一听水果罐头。"我"之所以会买水果罐头,而不是买书,是因为我觉得我长大了,应该承担责任,保护母亲。

那天母亲数落了我一顿。又给我凑足了买书的钱,我想我没有权利用那钱再买任何别的东西,无论为我自己还是为母亲。是因为母亲为了满足我买书的愿望,毫不犹豫地再次给"我"买书的钱,如果"我"用那钱买别的东西,就对不起母亲那辛苦的工作,更对不起母子之间深深的爱。

师:非常好,她学会了文本细读法,把批注的内容有秩序地整理起来,从词句的意思着眼,进而理解课文的思想感情。对她的成果,你们有何看法?

生:她不仅注释了词句的意思,还写出了自己的理解,这样的阅读有深度,值得我学习。

生:我觉得她读得不错,但是,如果能在最后点一下题,即解答一下慈母如何慈,情深深在何处,那就更上一层楼了。

师:我觉得他的这个建议不错,对课文细节理解深刻后,可以归纳一下,把文章的主题理解表达出来,确实就更上一层楼了。还有其他想法吗?

生:我先肯定她的阅读水平很不错,然后,我想说刚才同学的建议,正好我有这么阅读,我想读一下我的预习成果。

师:好!那你接着朗读自己的预习成果。

生3:谈"舍不得"与"舍得"

文中母亲对自己的吝啬和对自己孩子的大方,形成鲜明对比,引起了我的注意!

### 母亲的"舍不得"

"七八十台缝纫机发出的噪声震耳欲聋",如果让你在一个吵闹的菜市场工作,你会有什么感受?毫无疑问,当然是想尽办法离开。可母亲却舍不得这里的工作。写出母亲工作环境恶劣的地方还有一处"周围几只灯光烤着我的脸"。一般的灯泡开起来根本不会有很烫的感觉,这里也写出了工作环境的恶劣。

那么,这里的工作环境如此恶劣,母亲为什么舍不得放弃工作呢?因为钱的问题,别的地方工资是不变的,每个月就固定那么点钱。但缝纫女工不一样,你裁的布越多,工钱也会随之增加。

母亲给了梁晓声买书的钱,但梁晓声觉得自己长大了,应该体谅母亲了,所以之前想要《青年近卫军》想得失魂落魄、魂不守舍的他,向母亲要钱后,看到母亲的样子及工作环境的恶劣,居然改变了主意,用那些钱给母亲买了一听水果罐头。谁知,母亲却数落了"我"一顿。作者用"数落",没有用"骂",说明母亲的责备中是带着一丝骄傲、一丝自豪的。可母亲的身体因为长年累月的工作已经变得十分瘦弱,却舍不得补补身子。这里我体会到了母亲无私的爱,这就是"情深"。

在作者来找母亲要钱时的对话中,她说的一句话吸引了我的眼睛,"有事快说,别耽误妈干活",母亲连说话都在想着干活挣钱,可谓是争分夺秒,一点休息的时间都不给自己,真辛苦!为了家的付出,不可谓情不深。

还有一处也写出了母亲的辛苦,"母亲说完,立刻又坐了下去,立刻又弯曲了背,立刻又将头俯在缝纫机板上了,立刻又陷入了忙碌……",作者用了很多个"立刻",如果把"立刻"换成"马上""迅速""飞快",可以吗?当然可以,但从感情传递上来说,反复的手法营造了回环往复的情调,感情更加强烈。同时,一个简简单单的动作,此处却如慢动作般在"我"眼前回放,可见这情景对我冲击很大。母亲的形象也显得更为高大。

### 母亲的"舍得"

"那时我家的破收音机已经卖了,被我和弟弟妹妹们吃进肚子里了。"在这句话中,我读出两点:一、家庭贫困到连收音机都卖了才能维持温饱问题的地步,也更衬托出母亲给我钱买书时的不容易。二、作者没有说"被一家人吃进肚子里了"，把破收音机卖了的钱只能给孩子们买粮食，母亲自己却没法吃饱。看到这里，我有一个疑问：为什么孩子们不省下一点食物给母亲呢？因为母亲自己舍不得吃呀！她吃了，孩子们肯定就无法吃饱了。这就是慈母形象！

"母亲掏衣兜，掏出一卷揉得皱皱的毛票，用龟裂的手指数着。"从"揉得皱皱"这几个字中，我发现两点：一、钱只有在经常揉时才会变得很皱。二、钱是放在衣兜里的，换衣服时就必须得把钱拿出来，放到另一个口袋里。经常换，时间一久，钱也就变皱了。而从"龟裂"这个词中，我更体会到母亲挣钱以及给我钱时的不易：长年累月拼命地工作，使得手指都龟裂了，母亲居然还会给我钱买书！这又是一处慈母的伟大形象。

这篇课文清清楚楚地为我们展现了人间最伟大，最纯净，最无私的爱——母爱！

师：掌声呢？听了她的预习成果，老师都得好好考虑一下，我还要教些什么了，句子内涵的理解，写作手法的分析，还有内容之间的联系挖掘主题思想，都读得很到位。这种阅读叫深度阅读，这才是真正会阅读的人。

### 生4：母子情深

听了她的预习成果，我都不敢读了，但是，我想还是读一下，让同学们帮助我提升。本文《慈母情深》中母子之间互相体贴，令人感动。

从文中"我从来没有向母亲一次要那么多钱"可以看出，"我"很体贴母亲，知道家境不好，不能向母亲要钱，给家里增加负担。有人会问，一元五角不是很便宜吗？要知道五十年代的时候，一元五角可是个大数目，相当于现在的一两百元呢！

但他是真的想看这本书，从"失魂落魄"一词可以看出，他对这本书的痴迷程度，所以他才来到母亲工作的地方。从"那些母亲"可以看出，很多母亲都爱自己的孩子，要不谁会来这么恶劣的环境工作。从"呆呆"一词知道"我"有些左右为难，又不想向母亲要她辛辛苦苦赚来的钱，又想买一直想买的《青年近卫军》。

"我……"他可能原本想说，"妈妈，我想买一本我一直想看的书，麻烦给我一元五角好吗?"但他不好意思开口,他很体贴母亲。可当母亲知道他要买书时,又毫不犹豫地问:"多少钱?"母亲从衣兜掏出一卷揉得皱皱的毛票,从"皱皱"可见母亲是积攒了很久才有的钱,却一次都给了儿子!

当别人阻止母亲时,她却大声地说:"我挺高兴他爱看书!"从"大声"看得出母亲觉得很自豪儿子爱看书,也说明了母亲是一个通情达理的人。儿子并没有买书,而是为母亲买了水果罐头,说明儿子体贴母亲,心疼母亲。可从母亲的话中可以看出她不高兴。买了水果罐头应该很好啊,那时没有谁平常可以吃到水果罐头,可以说那是个奢侈品。母亲不高兴是因为儿子为了给她买水果罐头没有买书。母亲虽然数落了"我",可又凑够了钱给"我"买书,这钱可能又是卖了什么东西换来的,也可能是找别人借的,还可能是母亲努力加班挣的,无论怎样,都更体现了母子情深啊!

师:其实还是理解得挺不错的,没必要那么害羞。至少,"我"的心理,你体会得很不错,读懂了"我"是一个能体会到母亲慈爱的孩子,并且能体谅母亲的辛苦。能把"我"和母亲两方面对比着读,这读书法值得大家学习。当然在细读上,你得向前面的同学学习。

(生5、生6读略)

## 第三节 《白杨》课堂教学简录

师:同学们,我们写文本解读也有一段时间了,今天我们要学习《白杨》这篇课文,老师想听一听同学们写的文本解读,看看你们已经学习到什么程度了。

生1:白杨

文章以写景开头,又以写景结束,从孩子的对话中引出全文,又用拟人手法比喻孩子的成长。(师:不错,一开始就关注文章的表达手法)

开头就写尽了沙漠边上的荒凉，也为白杨能在这种环境下生存而作铺垫。在山穷水尽的地方，却孕育了挺拔清秀的白杨。"卫士"指白杨坚守着这片土地，繁华的都市有它，苍凉的沙漠仍有它，说明了白杨第一个特点就是坚强。从孩子的话中，写出白杨直，这是它的第二个特点，做树要直，做人要正直。

（师：厉害！写树喻人读出来了，树的特点也抓住了，沙漠与树的关系表达法也关注了，很会读书）

从"爸爸"的话中可以看出，白杨永远顽强生长在最需要它的地方，发挥着自己最大的价值，但"爸爸"的话是想告诉孩子们，白杨永远是最挺直的，最顽强的，最不动摇的。父亲在偏远的新疆工作，连孩子们都要适应这里艰难困苦的环境。

孩子们知道了白杨的奉献，白杨的坚定，风再大盖不过它们翠绿的枝叶，沙再狂也淹不没它们挺秀的脊梁！

父亲搂着孩子，一抹微笑。眼前，孩子们渐渐懂事，窗外小白杨节节长高，我们仿佛看到了孩子们如同白杨，带着奉献的欲望，不畏风雨的成长！

师：读得真不错，可惜写了少了点，我都没听过瘾呢，真希望越听越让老师感到惊奇。

## 生2：《白杨》文本解读

本文写的是在通往新疆的火车上，一位父亲和两个孩子，望着车窗外的白杨讨论的事情。作者借白杨表明了自己扎根边疆的志向，也表达了希望孩子也能够成为边疆建设者的心愿。

文章一开头的"茫茫"一词说明了列车外的空气质量不好。作者用排比句：三个"没有"突出了白杨树的坚强，在不好的环境下长大，却长得那么好，那么高大，那么挺直。"天与地的界限并不那么清晰"，说明天空的颜色和泥土的颜色一样，突出了这里的环境很差，从而衬托了白杨树的坚强。这开头给下文做了铺垫。

"从哪儿看得出列车在前进呢？"也给下文做了铺垫，因为要看得出列车在前进的话就必须用静止、高大的白杨树做参照物，而且要很多。说明了白杨树的高大和多。

"一行""每隔几秒钟""飞快"和"高大挺秀",这几个词不只说明白杨树的多,还有大。

多:"沿着铁路线",说明了白杨树是在铁路线两旁的;"一行"说明了白杨树是一排的,很整齐。每隔几秒钟就有一棵,也说明了白杨树的多,一直没有尽头。

大:飞快闪,说明列车里的人们只看到一下子,一下子白杨树就没了身影,但是人们不知道,这个身影就是白杨,说明了白杨树很高大,这就是白杨树的形美——高大挺秀。

作者把白杨树比喻成卫士,突出了白杨树的直。虽然大孩子摇着爸爸的腿,但是爸爸并没有从沉思中回过头来,可想而知,爸爸真的是看呆了,出神得连孩子叫他,他都没有反应。倒是妹妹插嘴进来了,妹妹以小孩的心灵来回答问题——这个是伞,不是树,这里也说明了白杨树的样子很高大,让妹妹以为是大伞,原来妹妹以为它是伞,是因为白杨树很直。为什么两个孩子打断了爸爸的思路,可爸爸却是微笑的呢?因为爸爸觉得自己的孩子很可爱,觉得白杨树是大伞,还因为这个开始了争论。虽然哥哥是对的,但是,他并没有很开心,而是继续问问题。说明爸爸教育有方,才会有哥哥不自满的习惯。为什么哥哥问爸爸白杨树那么直长得这么大的时候,爸爸的脸色变得严肃了?因为他正要回答儿子的时候突然想起自己和白杨树是一样的,又想到孩子在新疆中遇到的难题孩子能不能解决。

三个"只知道"说明孩子们还很小,这也是父亲的担心的。——孩子太小,能不能解决难题?可是当爸爸看到"一棵高大的白杨树身旁有几棵小树正迎着风沙成长起来"的时候又想起了自己的孩子,爸爸笑了是因为爸爸觉得自己的孩子应该也可以像小白杨一样,坚强成长。

师:很好,你能围绕关注的内容进行解读,而且解读得很到位,树与人的关系理解得很好。下面注意听一听其他同学关注的内容,如果相同,比一比有没有比你读得更透的地方,如果他们关注到而你没有关注到,那你就要画一画,记一记,然后思考:当时我阅读时,为何没注意到这些。

生3:谈白杨树的直

白杨树的直可不一般,这里有着不少含义。

一、身姿直。妹妹说它是大伞，虽然错了，可给读者一个提示，白杨树和伞一样直，而且大伞是雨天的救星，为人遮风挡雨，是给人安全感的东西，所以爸爸才会想到白杨树的坚强不屈。

二、品质直。这些白杨树长的地方不是森林，也不是平原，而是戈壁！什么是戈壁？书上已经写得很明白了，没有山，没有水，一片黄沙，白杨树在这么恶劣的环境下还可以生存，还长得这么直，这么挺拔，这正直的品质真是让人敬佩。

三、扎根直。爸爸在介绍白杨树时，用了两个直，前面的是扎根直，这体现出了白杨树"尽职尽责"的品质，它们的根直入地下，就像一只有力的手，紧紧抓住地下的岩石不放。就算在戈壁，它们也不退缩，顽强地支撑粗大的枝干和茂密的叶子，好为人们抵挡住风沙和雨雪。

四、意志直。前面说到了白杨树有着"尽职尽责"的精神，下面就要讲到它的困难，经历一次风沙和雨雪可能没什么，可常年经历就会让人疲惫不堪，就在这样的环境，它们并不退缩，还是直直地扎根在大地上。干旱和洪水一次就让许多人倒下了，可白杨树依然矗立在荒凉的戈壁上。

总而言之，人要像白杨树一样正直、坚强、不屈不挠，哪里需要就在哪里扎根。这正是作者赞美的书中的人物。

师：也不错，虽然只针对一点，但是这一点却解读得很透，这也是一种解读的方法。跟同学交流，互换理解，就能获得不同的观点，起到相互补充的作用。

## 生4：谈《白杨》的妙笔

《白杨》这篇文章是一列通往新疆的普通火车上发生的故事，文章十分优美。下面谈一谈我读出的文章妙笔。

### 铺垫

文中有许多地方都在为作者想要表达思想感情的目的作铺垫，例如：第1段，这两句说的是车窗外，作者所看到的景象，"没有……没有……也没有……"这一排比十分贴切，说明那儿是不毛之地，很少有人并且环境恶劣。"都是浑黄一体"说明那是一个飞沙的地方，而在这种地方，这种环境，白杨却"高大挺秀",为下文赞美白杨树的精神和赞美新疆建设者作了铺垫。一段有趣的对话:"爸爸,你看那树多高!""不,那不是树,那是大伞。""哪有这么大的伞?""你看它多直!""它是树,不是伞。"这一段小小的争论很自然地引入了话题,为下文爸爸道出白杨的品质作了铺垫。文章通过小孩子的小,"不知道什么"和"只知道什么"留下思考想象的空间,也是为赞美建设边疆的无私奉献者的精神品质作铺垫。

### 借物喻人

爸爸的话是全文中最能体现借物喻人的话。特别是第12段,借白杨的特点,来比喻建设者的无私奉献的精神,关联词"哪儿……哪儿……""不管……不管……总是……"写出了白杨不仅外表高大挺秀,而且有内在的顽强品格,即白杨树的适应能力强,生命力旺盛,有坚强不屈的高贵品质。大小白杨树与车内大小的人极其相似,这更是借物喻人,喻边疆的建设者。

### 其他表达法

1. 设问:"爸爸只是在向……"这句话为设问句,表明他看到白杨时,不自主地想起自己的工作,就是这样刻苦而无私奉献,更说明他说的是树,比的却是人。

2. 排比的正面,侧面:三个"他们只知道"的排比句,说出他们不知道父母亲如此艰苦,从侧面也表达出爸爸希望孩子成为像自己这一代人一样的响应需要的建设者的想法。

3. 呼应:文中有两次头尾相接,"这儿……这儿……"对应前文的"哪儿……哪儿……",说出白杨的精神。在结尾处,作者也用爸爸的神情变化来借物喻人,与前面呼应。

这篇文章语言十分简练,大有可学之处。

师:这厉害了!通过关注课文的表达手法,分析写作特色理解课文内容,体会人物的思想感情。这么读书,必须会联系思考,才能揭示文章的奥秘。这叫会读书,读到了字里行间,不会只停留在字面上理解。点赞!

### 生5:谈父亲的沉思

文中有三处写父亲的沉思。

### 父亲的沉思一

第一个沉思出于第6段，虽然这次沉思没有写明目的，但却通过"出神"一词透露出来。为什么他会望着窗外出神呢？这就与他的工作有关，与他回家的任务有关。这处的"沉思"表达出父亲复杂的心里，他想到环境，想到孩子，也想到工作，这些事让他听不到孩子的争论，可见感情复杂。

### 父亲的沉思二

在第12段中出现了第二个沉思，从"微笑"变成了"严肃"，可见儿子的问题令父亲十分重视，从而引起沉思。父亲在想：可不可以借此机会教育他们呢？车窗外，在那"茫茫"的不毛之地，那么大，那么荒凉。一个排比句写出那儿人迹罕至，浑黄一体，在如此境界中，这种坚定的精神难道不能借鉴吗？那"高大挺秀"的身影在荒凉的戈壁上十分显眼，在那儿遮风挡雨。这种服从需要的精神难道不能与孩子们分享吗？于是，沉思了那么多，终于，借物喻人，刻画出戈壁滩上的白杨树。

### 父亲的沉思三

最后一个沉思自然是出现在最后一段啦！父亲搂着孩子，沉思白杨，因为他在想："孩子听得懂我的话吗？"父亲不只是在介绍白杨树，也是在表白自己的心，看到那高大的白杨树，想见自己就应该像白杨一样坚强，想起令人起敬的建设精神。但年幼的孩子们能知道吗？三个"他们只知道"说明孩子所知道的十分有限，父亲告诉他们白杨特点的同时，也说出建设者的无私奉献，希望孩子们能知道。但是知识浅薄的孩子们能听懂吗？但看向那几棵小树时，他想，小树能迎着风沙成长，那就意味着孩子们在边疆能够扎根成长。

师：读得有个性，抓住"沉思"一词，深入体会人物的思想感情，关注点不多，但却很深刻。在这点上你读得不错，同前面同学一样，接下来，你也认真听一听其他同学关注的不同点的理解，如果遇上你没想到的，要比一比，记一记。

### 生6：谈课文的借物喻人

这是本学期第一篇采用"借物喻人"手法的课文。

在本课中，父亲以白杨树为范本来教育自己的孩子。把白杨树比喻成人，重点突出了白杨树坚强不屈的特点。这种手法生动形象地写出了白杨宁折不弯的性格特点，使人眼前仿佛出现了在茫茫戈壁中挺立着的一排排高大挺秀的战士，令人叹服。

而本文中的借物喻人主要集中在第12段中父亲所说的话上。父亲"脸色变得严肃起来"是因为这位父亲打算以白杨树为榜样来教育孩子，他希望孩子们都能够认真听他讲话，将来做一个像白杨树一样的祖国建设者。在本段中，作者运用了反复的手法，两个"不管"更突出了白杨"总是那么直，那么坚强，不软弱，也不动摇"的性格。这位父亲这么讲，乍一看是在夸奖白杨树，实际上是在暗指人要有一颗像白杨一样坚强的心。"借物喻人"，这"物"即指白杨。把那些在祖国边疆为祖国无私奉献的祖国建设者和祖国保卫者比作白杨，借白杨树来教育人。更准确地说，是一代代为保卫祖国而牺牲的祖国建设者和祖国保卫者们，借白杨的形，继续屹立在祖国的边疆，为祖国抵挡风沙。而孩子们从小就被教育着"长大后要做一个祖国建设者和祖国保卫者"的思想，等孩子们长大后，继续在边疆建设祖国，保卫祖国。

白杨树会成为借物喻人的对象，作者在第1段就用了一个排比句："没有山，没有水，没有人烟。"生长在这样一个荒凉、寸草不生的地方，更突显出了白杨顽强的生命力，会成为借物喻人的对象也算是不足为奇了。在第2、3段中，作者是用了设问的手法，说白杨树是"高大挺秀"的；在第4段中，作者把白杨树比作"戈壁滩上的卫士"，足以体现白杨树高大挺秀的外表和坚强不屈的内在。

最后一段中也用到了借物喻人的手法。"在一棵高大的白杨树身边，几棵小树正迎着风沙成长起来"。"高大的白杨树"即指父母，"几棵小树"则指子女。子女不能总依赖父母，要像小白杨树一样，去迎接生命的旅途中必不可少的"风沙"，才能茁壮成长。

师：抓住本文的主要表达手法进行解读，读出了人与物的特色，读出了人物内心的思想感情，同时，还借助其他词的作用，一起联系着分析课文的主题思想，这种解读也值得大家学习。

生7：谈白杨和爸爸

本文是篇散文，写了白杨与爸爸之间的关系。

这篇课文，我读两遍都有一种朦胧的感觉。直到读到第三遍时，我才揭去了那层"朦胧"的纱。

车窗外，是茫茫的大戈壁……这一段，景物的描写又代表着什么呢？我采用联系上下文的方法来读课文。下文道，白杨树是在这里生长的，我顿时明了，作者是要用环境的恶劣来突出白杨坚强、不软弱、不动摇、倔强的特点。

下面，作者用一个设问简单引出本文主角——白杨。每隔几秒钟就能看到一棵白杨，说明了白杨种得密，白杨数量多。正是数量多才能证明白杨这种树的坚强。而下面的高大挺秀，又体现出爸爸所讲白杨特质中的一点，能很快长出粗壮的树干。而这两个证明，恰恰让白杨树的特点深入人心。为什么这样说呢？因为爸爸说的是白杨树中的奇异类型，还可以说是白杨树的特质吗？然而，作者很快地打破了这个可能，"每隔几秒钟"这里体现作者用词谨慎，全方位地去"保护"中心句，"保护"文章的可比性，做得无懈可击。即直接描写白杨树的特点——高大挺秀后还不够，还借用爸爸之口，孩子之口来讲白杨的其他品格。（师插话：这个表述不错，很有解读味）

其实，故事一开始，作者就告诉我们，主人公把自己比作是白杨了。一位旅客正望着这些戈壁滩上的卫士出神。戈壁滩上除了白杨树什么也没有，所以卫士必然指的是白杨。那坚强、挺拔俊秀的白杨是卫士，守护着戈壁滩，在逆境中成长。而爸爸——这位旅客，他其实也是卫士，守护着祖国。

接下来，孩子们展开了有趣而生动的对话。对话中，妹妹一口咬定白杨是伞，而我疑惑了，为什么不是别的，而是伞。思索片刻，我明白了。白杨树在大戈壁中如此茂盛，如此笔挺再加上孩子看到的只是模糊身影，是有可能没看清的。看似不起眼的一个词，竟然也是揭开朦胧的纱——白杨树在恶劣的环境里依然茂盛，我不禁讶然。

当爸爸想了一会儿，"想了一会"说明了父亲并不是在介绍白杨树，而是用白杨树的特点来介绍白杨树，来让孩子们更深一层地来了解白杨树。同时爸爸也表白着他的心。这里就很明确地点明了主题，爸爸把白杨树比作自己，因为它在戈壁中顽强生长着。主人公从它身上看到自己的身影。而主人公并不是只观察了白杨树一次，从下一段的"这回"二字可以看出，作者也应该看到了它们的成长。

接下来，作者巧妙地把角度转移到孩子们身上来。用孩子们的视角来看，来想。所以说作者也是不容易的，要分饰多角，把每一个人写生动、立体，有他们的特点。

"爸爸这回到奶奶家来"这里对爸爸的回家作了说明，但孩子已经不知道哪儿是他们的故乡了。把孩子们带到新疆读书，说明爸爸服从上级安排，叫他在哪扎根，他就在哪扎根了。而对于新疆到奶奶家距离这段描写，更深一层递进这种关系。

其实，下面一段翻译过来，就是有许多年轻人和爸爸一样，少小离家为祖国建设，保卫国家，而且无怨无悔!

整篇文章作者写得深入浅出，看似通俗易懂，实则含义深刻，蕴含着对那些少小离家，保家建国的人的赞美之声。

师：虽然她以"谈白杨和爸爸"为题，可是在解读过程中，却是以此为线，从不同的写作手法，人物出场等方面细读了课文，把自己阅读过程的理解与感受有序地写出来，达到细致解读的效果，可以说讲得很好，颇有老师的风范。

[教学反思]

教学《白杨》一课，先让学生谈自己的理解，发现有几个学生分析得不错，不仅讲到内容还能讲写作方法，比较词句。这让我发现，如果老师讲课再讲课文的意思已完全没有必要，因为学生会说思想意义，对课文中爸爸说的那段话也无需拓展，即"哪儿……哪儿……"不必让学生想开去，也不需要抓住"不软弱、不动摇"去引读"遇到……遇到……"，因而教学中抓住学生忽略的"也在表白自己的心"，这个心是指什么？孩子们现在还不能理解。那么能理解的是什么？（树形美）三个"只知道"对应的"不知道"刚好可能贯穿全文，让学生写三个"不知道"是很好的一个环节：只知道爸爸在新疆工作……不知道新疆环境恶劣，不知爸妈为什么要在那儿工作。为什么不换个工作？因为那儿需要开垦，需要建设，爸妈就是众多建设者中的成员，他们把自己的青春都奉献在那，爸爸妈妈就像车外的白杨树一样，不择环境，不讲条件，哪儿需要就在哪儿。只知道爸爸这回到奶奶家来，不知道自己这一来，就再也难回到奶奶家，将来就跟爸妈一样，在这儿成为建设大军中的一员，就像白杨树一样，在这儿生根，发芽，茁壮成长。这儿需要他们，他们就在这儿奉献，不管遇到……都要坚强，不软弱，也不动摇。只知道新疆是个很远很远的地方……不知道新疆工作是多么的艰苦，在那里生活要有白杨树的个性，要有白杨树的毅力，要有爸爸妈妈那一代人一样的精神。经过爸爸的介绍，孩子们又多了一点点知识，那就是白杨树的形美与毅力。

学生讲了这些，再引导学生比较爸爸的思路与沉思，理解一个词"从来"和提示语"想了一会儿"，课文就理解差不多了。

# 第四节 《晏子使楚》学生预习作文展示

## 谈晏子的语言

晏子说访问狗国的那一句话，让我吃惊，因为楚王知道晏子身材矮小，所以开了个一米二左右的洞，让他"爬狗洞"。而让楚王难堪的是如果不开城门，整个国的人民就是狗民，他就是狗王，于是就被迫开城门，只好体现出是被迫的。从"瞅""冷笑"这几个词中看出楚王很瞧不起晏子，"严肃"这个词体现楚王和晏子的反差。大王问晏子，齐国难道没有人了吗？而晏子却装傻而又很夸张地描述出齐国人之多，接下来楚王问的话正中晏子圈套，而晏子很巧妙地回答，如果等会儿楚王发怒了，可以说大王不讲信用。楚王要晏子实话实说，这正中晏子的圈套，于是贬低自己，然后贬低楚国，让楚王无言以对。又一个"只好"说明了楚王是无奈的，被迫着笑的。可是，楚王还不识趣，还想让晏子难堪，于是和大臣们商量了一个对策，在吃饭时，两个武士故意押着一个齐国囚犯，楚王再一次嘲讽齐国，说他们在楚国里做小偷，原本想，这次肯定能把齐国侮辱了，谁知晏子面不改色，又和大臣们的得意洋洋形成对比。晏子举了个例子，不同东西在不同的环境里，最后生长的结果也不一样，意思就是楚国的治安不好。最后楚王不得不尊重晏子，佩服晏子的三寸不烂之舌了。

## 谈晏子话语的精妙

正如单元导读所说，只要精通语言，便可摆脱尴尬局面，晏子就是这样的人，他的智慧和语言的精妙体现在以下几点。

一、抓弱点。晏子抓住了人要面子这点，才说自己不知是要说实话还是说谎话，大家都会选实话，可要是楚王听完实话而大怒，杀了晏子，后人会怎么说？所以楚王只好赔笑。

二、有故事。晏子说话为什么有人听，一共有三点，这第一点就是有故事，大家全是听着故事长大的，没有人不爱听故事，所以晏子用了淮南柑橘的故事，将道理变成有趣的故事，爱听的人肯定多了。

三、会夸张。这点很重要，要体现人多，作者并不是说多得像什么一样，而是说肩膀擦着肩膀，脚尖碰着脚跟，甚至还有什么挥挥汗就成了雨，这真是太夸张了。夸张才会吸引人们的耳朵，这也是晏子说话有人爱听的第二点。

四、会比喻。这是第三点，没有比喻的文章就没有新鲜感，晏子也是用了这一点，用水土不同来给人的习惯作比喻，这下，一个句子就变得有趣极了，让人总有一种想回味的感觉，必然会有更多人来听啦！

从这篇文章，我们可以看出语言的精妙和作用。生活中，有些人遇到问题爱用武力解决，个个打得鼻青脸肿，不如学学晏子，用一两句话就化解了矛盾。而且语言还可以帮助别人，比如脱口秀，能使不开心的心变开心；用语言来教学，无知的人可以充满智慧，等等。所以我们现在一定要学好语文，为将来也能说出精妙的语言打好基础。

## 晏子使楚——谈晏子说的话妙在何处

这篇课文讲述了晏子出使楚国，楚王三次侮辱晏子，想显显楚国的威风，但是，晏子巧妙地回答了楚王的三个问题。

一、钻狗洞

文章第 3 段就写了晏子巧过城门的故事。"这是个狗洞，不是城门。只有访问'狗国'，才从狗洞进去。我在这儿等一会儿。你们先去问个明白，楚国到底是个什么样的国家？"这句话中晏子回答使用三段论的推理方法，把楚王逼到了无话可说的地步。特别是这句话"只有访问'狗国'，才从狗洞进去"，因为如果楚王不开门，就必须承认自己的国家就是狗国，自己的国民就是狗民，而自己就是狗王。

二、没人才

这个故事主要在第 4 自然段。在这段里晏子说了两次话，第一次是"这是什么话？我国首都临淄住满了人。大伙儿把袖子举起来，就是一片云；大伙儿甩一把汗，就是一阵雨；街上的行人肩膀擦着肩膀，脚尖碰着脚跟"。这句话妙在前面楚王问"难道齐国没有人了吗？"在这时晏子故意把楚王的句子理解错，所以这时候晏子使用了偷梁换柱法。晏子第二次回答了"敝国有个规矩：访问上等的国家，就派上等人去；访问下等的国家，就派下等人去"。这句话好像是在侮辱自己，其实是在侮辱楚国是个下等国家。

三、没出息

这个故事主要在第 5 段。"大王怎么不知道哇？淮南的柑橘，又大又甜。可是橘树一种到淮北，就只能结又小又苦的枳，还不是因为水土不同吗？同样道理，齐国人在齐国安居乐业，好好地劳动，一到楚国，就做起盗贼来了，也许是两国的水土不同吧。"在这一段晏子表面好像是说水土不同，其实，晏子是在说在齐国能安居乐业，而在楚国只能做盗贼。所以，这时候晏子使用了隐喻法。

## 晏子使楚

《晏子使楚》这篇文章讲述了晏子拜访楚国时，楚王三次欲辱晏子都被晏子机智驳回的故事。读完课文，我很是佩服晏子，在佩服晏子的同时，我也同样佩服本文的作者。晏子的回答是多巧妙啊，作者的描写又是多么蕴含深意。

一、狗洞、狗国、狗王

"楚王知道晏子身体矮小，就叫人在城门旁边开了一个五尺来高的洞。"这里晏子还没来呢，楚王就已做好侮辱晏子的准备，可见其心机，可作者只是想写楚王的心机吗？作者借此衬出后面晏子的回答巧妙。

第一次楚王与晏子的斗智来了，楚王叫晏子从小洞钻过去。他是想侮辱晏子，可晏子不慌不忙，既礼貌又不乏讽刺地说道："这是个狗洞，不是城门。只有访问狗国才从狗洞进去。我在这么等一会儿。你们先进去问个明白，楚国到底是个什么样的国家？"从这句话我读出晏子颇给楚王面子，让楚王先想想到底要不要让他钻"狗洞"。楚王只好吩咐大开城门，迎接晏子。这里写出了楚王对晏子的无可奈何，无法让他走小洞，因为走了，楚国就变成了狗国，而他便成了狗王。这里就和前面楚王知道晏子身体矮小，就叫人在城门旁边开了一个五尺来高的洞的心机有了联系，楚王做了那么久的准备来侮辱晏子，晏子却不用吹灰之力便智驳了他。此处体现晏子语言精妙，楚王的愚笨，这里晏子运用的方法是隐喻的手法，既礼貌又恰好地反驳了楚王。

二、一圈套一圈，一环扣一环

晏子见了楚王后，楚王态度很是不好。楚王的冷笑与晏子的严肃形成了鲜明的对比。晏子早就猜到楚王要为难他，于是精心准备了一招——欲擒故纵。"难道齐国没有人了吗？"晏子清楚地知道楚王看似随意一问，其实是针对他，以及对齐国的人才的藐视。所以他故意说有十分多的人。这话正中楚王下怀，楚王就是故意想问齐国既然那么多人怎么还派你这人来。而晏子早就猜透了他的用意，反倒是楚王一步步走进了晏子圈套。晏子在这时又使用了另一招——贬低自己来贬低对方。他说："敝国有个规矩：访问上等的国家，就派上等人去；访问下等国家，就派下等人去。我最不中用，所以被派到这儿来了。"浅层含义在贬自己，可深层含义却是在贬楚王：你不是说我不中用吗，正如你意，我一点儿也不好，所以才来这儿。他说完还笑了笑，让楚王既尴尬又只好陪笑。

三、你贬我国，我辱你国

楚王两计不行，又施一计，将齐国囚犯用来侮辱晏子。本想侮辱齐国，没想到却反被晏子讽刺，是楚国不好，害了我们齐国人。其实这篇文章中，晏子敢说楚王是因为齐国和楚国差不多强大有关系。因此，楚王才在被反驳后无可奈何。同时我还发现晏子不论怎样反驳都十分有礼貌，神态自若。

## 晏子使楚

　　这篇文章是一个历史典故，主要讲述了晏子与楚王斗智斗勇的三个片段，都写出了晏子不卑不亢的精神。
　　一、主要内容
　　文章的主要内容也是围绕着这三件事展开的。第一件事是写晏子来到楚国城门口，而楚王则抓住他身材矮小的缺点讥笑晏子，讽刺他的外貌，而晏子沉着冷静，以"狗洞"延伸至"狗国"，说明晏子随机应变，反应快，并没有自乱阵脚，而是给楚王出了一个难题，"要我钻狗洞可以，那也就承认了你们是一个'狗国'"。这下，楚王反倒不敢让晏子钻洞了。这段话写晏子与楚王虽然还未见面，明争暗斗却已经开始，说明晏子十分细心机智，应变能力强，也从侧面看出了楚王的阴险狡诈。
　　二、以其人之道，还治其人之身
　　而第二件事显然更加有趣，趣在楚王越发愤恨晏子，想出这口恶气，更加不择手段地想侮辱晏子了，于是，见到晏子，就问道："齐国没有人了吗？"但对于这个问题，晏子也用了一连串排比、夸张，形象地写出了齐国人多的特点，而楚王问此话却是另有深意，是想表示你们齐国既然人那么多，为何还要派你这个不中用的人来呢？楚王既是在贬低晏子，又是在说明齐国没有人才，全是些没用的家伙。而晏子却没有像楚王想象的那样无地自容，反而从容地说自己的确无能，但按照规定，低等人就访问低等国家，楚王见晏子自嘲，却一点儿也高兴不起来，这就是晏子的高明之处，明着贬低自己，但暗中却在小看楚国，为齐国挽回了尊严。很显然，楚王两次处心积虑安排的计谋都没有得逞，全让晏子占了上风，晏子一次次用巧妙的回答让楚王搬起石头砸了自己的脚。
　　于是，这"第三战"打得楚王异常艰辛。正当晏子他们吃饭吃得高兴时，楚王却故意要让齐国囚犯经过，想给晏子扫扫兴。在各国首领议事的地方，怎么会有囚徒经过呢？又正好是齐国人，很显然，这是楚王想给晏子难堪，这是楚王对晏子的挑衅，哪料晏子仍然面不改色，镇定自如地先讲了一个众所周知的例子，然后以牙还牙，狠狠将了楚王一军，其根本意思就是齐国人在齐国能安居乐业，而一来楚国就只能干些偷偷摸摸的勾当，还不是因为你楚王治理无方，导致社会风气不好吗？就这样直接讽刺了楚国。面对足智多谋的晏子，楚王不但没有达到侮辱晏子的目的，反而被晏子不卑不亢的态度和彬彬有礼的回答一而再，再而三击败了，只得在连连败阵后认输，尊重起了晏子。

三、以点见面

楚王在文中笑了三次，分别都带着不同的神态和心情。第一笑，是见到了晏子时，楚王站在主动的位置上想去攻击晏子，于是"冷笑"了一声，而第二笑就已经很被动了，有点儿被晏子玩弄于股掌之间的意思，可以说，楚王这时一定是气得恼羞成怒了，但"只好"一词写出了楚王气愤间也透着无奈。"第三笑"说不上被动也说不上主动，"笑嘻嘻"用在这里更加准确刻画出了楚王阴险、恶毒的嘴脸。写楚王自以为抓到晏子的把柄之后的"欢喜"，但晏子的针锋相对和有力还击更让楚王无地自容。文章结尾，用了双重否定句："楚王不敢不尊重晏子了。"这个双重否定句加重了语调，与"楚王尊重晏子"相比，更透着些许敬佩。

## 第五节 《桥》学生文本解读展示

### 谈老汉的两个身份

故事开头片段点出为什么题目要提到桥，因为村庄洪水泛滥——文章用了一个词：受惊的野马。本来野马就速度快，威力大，那受惊的野马更是速度快、破坏力大。文章用了比喻的手法体现洪水的来势凶猛与人们处境的危险。当人们反应过来，翻下床却踩在了水里，发现水已经漫到屋子里，这时处境愈发危险。踩进了水里，第一反应就是逃——但是这是你拥我挤地跑，是毫无章序地跑，这就体现出人们的慌张、六神无主。直到人们找到一根救命稻草——北面的桥时，出现了文章重要人物——他们的党支部书记。

那个老汉已经站在桥边了。文中老汉的形象在村民心目中是一座山，作者用比喻的手法写出老汉在人们心中的分量。为什么一个老汉在人们心里的地位这么高？其实答案就在他的一句话里和后面的行动里。他那一句话是让人们排好队，党员排在后面，有序通过木桥。当有人提出反对，说党员也是人呀！但老汉却冷冷回答说："可以退党，到我这里报名。"为什么这么说？因为在老汉心里，党员就是无时无刻地为人民服务的，如果有人不愿意这么做，那他自然就不符合党的要求，所以人群里就没人再说什么。

过桥过程中，老汉突然冲上前揪出一个小伙子，不仅吼道"你还是不是一个党员?!"还凶得像一只豹子。其实老汉和小伙子是父子关系，可为什么老汉不让小伙子先走呢？这就引出了老汉的两个身份。

一、党支部书记，党支部书记不仅是党员还是党员的领导，就要比普通党员更严格地要求自己，更高标准要求自己。

二、父亲，因为他只有一个儿子，他完全可以睁一只眼闭一只眼不把小伙子揪出来，反正大家这时候根本顾不上。

但是他选择了党支部书记的信念，放弃了儿子。最后，木桥实在坚持不住，塌了。老汉和小伙子牺牲了。其实，这座桥不仅承载着老汉的意志力，也承载着村民的生命，在最危险的时刻，他放弃了自己的利益，体现出了他的伟大，"桥"是承载和连接党员、村民的生命之桥。

## 谈老汉的双重身份

《桥》这篇文章作者塑造了一位普通老党员的形象，当危险来临时，老汉从容镇定，为了其他村民而牺牲。而在这篇简短独特的文章中，我发现了老汉有许多身份，而他的身份选择，令人敬佩。

一、党支部书记

老汉是位伟大的党支部书记，这话当之无愧。怎么说？我从"木桥前，没腿深的水里，站着他们的党支部书记，那个全村人都拥戴的老汉"这句话看出。这里的党支部书记，交代了老汉的特殊身份，"拥戴"写出了老汉的威望之高。可有一点令我不解，作者明明之前已经写了"站着他们的党支部书记"，这已经介绍了老汉，而后面为什么又再说一遍"那个全村人都拥戴的老汉"，这不重复了吗？不是的，这就体现了作者的写作手法之精妙。党支部书记是老汉的职位、身份，而那个全村人都拥戴的老汉则是老汉在村民心中的形象。在村民眼中，老汉不是那个遥远的党支部书记，而是一位长者，为所有人提供帮助。党支部书记一般都是很有威严的，可在村民眼里，老汉并不是那样的，这里体现了老汉的工作做得好，而下面，他却又是那个充满威严的党支部书记。

下一句，作者把老汉比作山，把老汉党支部书记的形象表现得淋漓尽致。山是什么，山是坚定的靠山，山是不可移的，山是坚定、冷静、高大的。而对老汉的描写又说他"清瘦的脸"，"清瘦"明明就是瘦的，老汉那么瘦，怎么是高大的山？这又显出作者的妙，老汉在身体上真不算山，可他在行为上、意志上当之无愧。并且老汉的冷静与人们"惊慌""疯了似的""跌跌撞撞"的表现形成了鲜明的对比。而且这里也暗示了老汉如山，威望十分高，竟使乱成一团、害怕不已的人们安静下来，在洪水威胁中村民还听老汉的，说明老汉深得民心，也体现了村民们不是不讲理的人，也懂老汉。我不禁佩服老汉，他的党支部书记做得好，并且他在后面把生的希望让给了别人，表现出无私的大爱。可如果换成另一种身份呢？

二、父亲

文中，老汉把他的儿子——小伙子从人群中拉了出来，让他排在后边，我很纳闷，老汉难道不爱自己的儿子？他为什么不让儿子先走？细读后，我便解出。老汉是爱儿子的，深爱着的，所以在后边才会把小伙子推到桥上，让他先走，并且最后，只剩下他和小伙子，这里写得妙。所有人都走了，只剩下老汉、小伙子、洪水。老汉的任务全部完成了，接下来，要让儿子逃生了。两人忽然都平静下来，在恐怖的洪水中，他们的心却平静了，小伙子原先想逃的冲动也没了。老汉现在完成了大爱，就来顾及儿子了，在他看来，救村民比救儿子重要，老汉的伟大完全体现出来了。

按字面上来看，老汉作为父亲失败了，其实不是，他赢了，无论做党支部书记或父亲，他都很成功，只不过一时的取舍，决定了一切。

## 谈一个好党员

党员在社会中扮演着很重要的角色。党员有好的，也有坏的。《桥》这篇课文中，老汉就是一名好党员。为什么说他是一名好党员呢？听我慢慢道来。

一、先人后己

"先人后己，切，这谁都可以做到嘛！"很多人会这么说。是的，我们当然可以做到，在吃东西、分东西时。可是，在死亡的边缘，你们会这么做吗？在洪水来临之际，老汉却让村民们先走，他也十分果断，在有人喊党员也是人的时候，他立刻冷冷地说："可以退党，到我这儿报名！"

二、不重私情

这也是一个好党员要具备的品质，不因为他的儿女或伴侣而忽略了自己是党员，忽略了自己说的话。第 15 自然段中，老汉从队伍里揪出了他的儿子，在洪水当中，他难道就不想让他的孩子尽快脱离险境吗？不，他想。可是，他不可以因为私情，就把他先前的话抛掉。

三、威严

好党员若具备了那些品质，却不具备威严，我想，在危急时刻，想让别人听你的指挥，听你的安排，我觉得不太可能。我们回到正题上，从哪儿可以看出老汉的威严呢？可以从第 9 自然段中看出来，"人们停住脚，望着老汉"。若老汉没有威严，在危急时刻，在面临死亡的时候，人们也不会停下来望着老汉。从第 13 自然段也能看出来，竟没人再喊，若老汉没有威严，人们怎么会不喊呢？

好党员与坏党员，虽然在字面上只有一字之差，可是在现实生活中，却差了很多。坏党员在平日里，尽显着自己的威风，可是一到灾难时，自己却跑得比谁都快，完全把老百姓"抛"在脑后了。而好党员，是在危急关头，把自己"抛"在脑后，一心只为了老百姓们，在平日时，也时时刻刻想着老百姓。

所以，可见一个好党员对一个社会，一个国家，是多么重要啊！

## 不朽的桥梁

本文写了一位老共产党员面对狂奔而来的洪水，把生的希望让给了别人，把死的危险留给了自己，以自己的血肉之躯筑起了一座不朽的桥梁的故事。

本文的写作手法很巧妙，巧妙在哪里呢？

巧妙1：题目。一看题目，不看内容，让人觉得此文应该是介绍桥的外貌和作用的。可是事实并非如此。那作者为什么要取这个题目呢？因为这个"桥"表面上的意思是人们不可缺少的东西（事物），但其中的意思是老汉——党支部书记的伟大。就像题目中有题目一样，很吸引人。

巧妙2：比喻。文中有许多比喻句，比喻人、山洪、木桥。作用是什么呢？

人：体现山洪的大、凶猛和老汉的伟大，在生死攸关的关键时刻维持逃生秩序。

山洪：体现了山洪的快和凶猛，用比喻的手法。有些文章就是直接说山洪又快又凶猛，快体现在哪里，凶猛体现在哪里，可是作者跟它们不一样，用比喻的手法来说明山洪的快和凶猛，使文章更生动。

木桥：体现出木桥的窄和人数之多。

巧妙3：隐藏人物。文章中，作者不用丈夫和儿子的名称来说老汉和小伙子，却在后面结尾才说，为什么呢？这样没有立刻让我们体会到老汉的伟大，让我们有种吃惊的感受，然而，让我们更可以体会到老汉的伟大。

以上就是这篇文章的巧妙之处！

## 谈人物

**人物一：老汉　关键词：冷静**

这场山洪来得很急，让人们陷入恐慌。可老汉却是站在木桥前，这里写出了老汉此时的冷静。而第8段，"他不说话，盯着乱哄哄的人们"这一句，老汉的冷静和乱哄哄的人们形成了对比，此时老汉就是在想该怎么办。下一句，"他像一座山"不仅写出了老汉的镇定也让读者知道人们是非常信任老汉的，老汉就是他们的靠山。"人们停住脚，望着老汉"，这里人们从一开始的惊慌到停住脚步，听老汉的，也突出了人们对老汉是信任的。第10段，老汉的一句话就让一百多号人马上排好队。标点是用感叹号，就让我们知道了老汉在灾难面前思维是极其清晰的。第15段，老汉的"冲、揪、吼"体现出老汉的情绪激动，和对这个人的失望。

**人物二：儿子　关键词：爱父亲**

对儿子一开始的描写让人觉得他很贪生。而在老汉的阻止下，他虽然很不愿，但还是妥协了。体现了他很尊敬老汉。第19段，儿子推老汉，想让他先走，体现了儿子虽然怕死但他还是十分孝顺的。

**人物三：人群　关键词：慌张**

洪水来得急，人们第一时间发现，还是晚了。"你拥我挤"写出了人们很惊恐，"又疯了似"运用了夸张的手法来描写人们的惊慌，"跌跌撞撞"一词体现出了人们因为刚刚起床，而且还很迷糊，也突出他们的害怕。三个词的形容，体现了这次山洪十分猛烈。

**人物四：老太太　关键词：哀伤**

老太太是老汉的妻子，是小伙子的母亲。她的哀伤体现了她对小伙子和老汉的爱。老汉和小伙子都是健壮的人，老太太身体自然也不错。这时，可能有人要问我了："万一老汉和小伙子会打骂老太太呢？"不会的。首先老汉被人们信任，说明他很有威信，这么有威信的人怎么会打自己的妻子呢？其次，如果是的话，老太太为什么又要来看他们呢？所以，这一家是非常和睦的。"搀扶"一词也体现这次洪水非常之猛，还知道了老太太受的打击太大了，承受不住。

## 第六节　学生解读《将相和》的教学

总是老师教，我们很难知道学生的阅读力是否有提高，一张考卷也很难测出学生的阅读能力。如果随便扔给学生一篇文章，让他们阅读一个小时，然后要他给你解析文章，讲15分钟，学生行吗？在语文教学的现状下，估计没有一个学生能够做得到。为何学生失去自己解读能力？原因是老师从来没给学生独立解读文本的机会，没有这样的教学，这种能力就被埋没了。

深度语文，让学生进行文本解读。进行这一课题教学没多久，就发现学生给老师惊喜，学生是有这样的潜能的，现在我们的课题实验班的学生已经可以跟老师比赛文本解读了。

下面就以《将相和》为例，一起看看学生是如何解读文本的，跟我们老师的教学有何差异。

### 从课文的结构谈"第三个故事"

本篇文章出自《史记·廉颇蔺相如列传》，本课选了三篇小故事——和氏璧归回赵国，渑池地两王会见，廉颇向蔺相如请罪。这三则小故事一则比一则短，第一个故事用了10个自然段，第二个故事用了5个自然段，第三个故事只用了3个自然段。它们的结构十分相似，但为什么最后一篇段数最少呢？

这就是我为什么想要重点谈第三个故事的原因。

第16自然段。廉颇很不服气，他对别人说："我廉颇立下了那么多战功，他蔺相如就靠一张嘴，反而爬到我头上去了。要是我碰见他，一定要让他下不来台！"这段话写了廉颇对蔺相如的不服气，也写了后面廉颇对蔺相如的变化。这一件事是写了廉颇闹不和的主观原因，客观原因是地位低的爬过了地位高的，被超越的廉颇没有发现蔺相如的厉害，所以才会有这么偏见的观点。

第17自然段的第一句写了廉颇的气势很充足，和蔺相如回避的态度形成对比。蔺相如说："秦王我都不怕，还会怕廉将军吗？秦王之所以不敢进攻我们赵国，就是因为有我们两个人在。如果我们俩闹不和，就会削弱赵国的力量，秦国必然乘机来攻打我们。我之所以避着廉将军，为的是我们赵国啊！"蔺相如说的这段话，有两层意思，一层写了蔺相如为了国家的利益。第二层写了他们俩要是不和就会影响国家的安危。实际上他是以退为进，再一次展示其智慧，让廉颇认识到他不是凭一张嘴就上位的，智慧之极。

第18自然段。"于是，他脱下战袍，背上绑着荆条，到蔺相如门上请罪。"这句话里面有几个词用得很妙：脱下、背上、请罪，这三个词写了廉颇知错就改的品格。这些都是事件的结果，也是作者对廉颇的喜爱，写出了他真性情的一面。

现在我们就知道为何前面要写得多，前面两个故事是写蔺相如是如何升级的，是蔺相如让廉颇忌妒的原因，原因写得具体，结果就很容易展示出来，所以结果写得最少，原因写得多。那为何第一个故事写得最多呢？因为这是蔺相如出道，出道者的地位只是门客而已，最能展示他用才能让自己地位改变，是故事的开端也是蔺相如给人的第一印象，所以就写得最多。

将相和
——谈赵王"重不重要"

读第一遍课文时，我总感觉哪里怪怪的，但就是抓不到要点。再读一遍后，冒出一个问题："赵王好像不太重要"。我继续读下去。抓了"大家说、有人说、问他、赵王和大臣们商议、蔺相如认为"这几个词，发现赵王很不重要。

"大家说"在第3自然段，是给赵王出主意，说明了赵王没有办法，想不出办法，所以才会召集大臣来商议。"有人说"的前一句话是"正在为难的时候"，说明还没有人想出办法。没办法，赵王只好找来蔺相如。"问他"一词更加凸显了赵王和其他人在这件事上都不重要，只好问重要人物蔺相如。

带着"赵王不重要"这个问号，我继续往下读。读到后面，我认为作者是有意要这么写的，但我还是找不到原因，只好再从头读一遍课文。又读了几遍课文，我隐隐约约有了一个答案，但是不敢确定对不对，只好继续往下读。

后面的"赵王和大臣们商议"和"蔺相如认为"让我更加确定了怀疑。

在渑池会上，秦王侮辱赵王，让赵王鼓瑟并让人记录下来。蔺相如很生气，上前要求秦王为赵王击缶，却被秦王拒绝。他再要求，秦王再拒绝。拼了？怎么拼？他带刀了吗？万一秦王武功比他好呢？其实，蔺相如只是站在秦王的角度思考了一下：别人都要和我拼了，我还拒绝，显得很没有风度。我是君，他是臣，君与臣拼命，实在是不对称的事。我还注意到了，在蔺相如和秦王争执的时候，赵王并没有说话。在这里，赵王不开口有两种可能：

一，他不知道怎样反驳。二，他觉得蔺相如能干，那自己就不用想了。

作者把赵王写得这么没有主见，不会显得赵王很不重要吗？我认为，这种写法更突出了蔺相如的聪明——连赵王都要靠着他的智慧，他能不聪明吗？

……

### 谈文章和故事中的巧

反复阅读《将相和》，前后比较着阅读，我发现了文章极"巧"的亮点。

巧一：蔺相如位置选得巧。

在完璧归赵中，蔺相如到秦国把和氏璧给秦王看，却发现秦王并没有交换的意思，于是就找借口，把璧要回，往后退了几步，靠着柱子站定和秦王谈。这样的好处是，如果秦王要抢的话，他就可以将璧撞到柱子上，让秦王得不到，没得到璧又失信于赵国，最终秦国损失的还是最大的；如果不抢的话，就能谈判，这样可进可退。这显示出这个位置选得巧，是智慧的选择。

在渑池会上，秦王让赵王为他鼓瑟，侮辱赵王。蔺相如便走到离秦王五步的距离逼他为赵王击缶，不然就和他拼了。五步，既不远也不近，进五步说话很正常，不会引起怀疑，没人阻止，心计得逞；但蔺相如不只是为了说话，而有其他准备，如果冲过去时会让卫兵来不及保护秦王，所以秦王不得不接受，这就让秦王始料未及，不得不认怂。

巧二：蔺相如的语言很巧。

当要撞柱时，蔺相如"理直气壮"地说自己要和璧一块儿撞，这就形成了一种震慑，体现他的决心，让秦王觉得他是认真的，必须要顺着他，不能让他撞。而蔺相如则敢搭上自己的命作代价，是因为他早就料到了秦王未必会让自己撞的。

逼秦王为赵王击缶时，他先规规矩矩地要求了两次，才逼秦王。他这样做是遵循了事不过三的原则，先礼后兵，既显得礼貌，又不失神气。这是语言之巧。

巧三：蔺相如的借口选得巧。

蔺相如想拿回和氏璧时说璧有点小毛病，让自己指出来。这个借口用得好，他说小毛病而不是大毛病，如果是大毛病的话，秦王一眼就能看出来，小毛病的话，秦王就会觉得这璧是不是还有什么别的问题，因为就要得到它了，所以秦王必须要了解它，才会毫无防备地将璧还给蔺相如。

蔺相如为了保住和氏璧，和秦王约定举行一个典礼，隆重的典礼既显示璧的贵重，又能展示人的真诚，这借口无法挑出毛病。这样一说，不仅争取了时间，又能让秦王遵守承诺。

巧四：司马迁写得巧。

刚刚写完秦王知道廉颇在边境做好了准备，不敢拿赵王怎么样，功劳很大，后面就说蔺相如的职位比廉颇高，让读者先是一愣，感到有点矛盾，可再一看前文，却又发现三个独立的故事，实质上却在逻辑上遵循着渐变原理，三个故事联系起来，一个地位极低的人超越了高位者，而高位者又不在事件的关键现场，没有目睹蔺相如的才智，廉颇的忌妒之心就在情理之中。这么联系着读课文，就不得不佩服司马迁的才智了。

本文通过它的几处"巧"，让我们仿佛进入到了故事之中，它令人神往。

## 《将相和》——谈文中人物的对比

本文一共写了三个故事，也有三个人物的对比，我就来谈文中人物的对比。

第一处人物对比。第一处人物对比在第一个小故事中。当秦王写信给赵王，说愿意用十五座城池换和氏璧时，赵王召集大臣讨论，可大臣犹豫不决。答应了，怕会上当；不答应，怕他派兵来攻。

可蔺相如就不同了，他只想了一会儿，就果断而自信地说让他去。从这里看出蔺相如的果断和勇敢机智。作者运用了这个对比的手法，突出了蔺相如的果断和勇敢。这是作者一个巧妙的写法。

第二处人物对比。第二处人物对比在第二个故事中。当秦王和赵王在渑池见面时，秦王与赵王的对比。当秦王要赵王鼓瑟时，赵王不好推辞，鼓了一段；而蔺相如要求秦王为赵王击缶时，秦王拒绝了。到蔺相如威逼时，秦王才击了一下。从这里看出秦王十分自大，赵王则表现得很小心，成了一个鲜明的对比。从中也看出当时秦国实力很强，秦王才这么自大，赵王才会惧怕秦王。

第三处人物对比。第三处人物对比在第三个故事中。因为蔺相如连立两件大功，被赵王封为上卿，职位比廉颇高。廉颇妒忌蔺相如，还要让他下不了台；可蔺相如容忍他这样，不反击，还处处躲他。从这个对比中看出蔺相如宽宏大量，为大局着想，才有了后来著名的"负荆请罪"的典故。

还有学生写出2000多字的解读文章，真的是做到了文本细读。（因为篇幅问题，只能忍痛删除）让这些学生给你分析一篇文章，讲上20分钟都没问题。学生已读到这个程度，那么要老师讲的还有多少呢？加上学生解读文本后，相互交流，在对比解读与问题讨论后，老师要教的内容就更少了。

这样的课堂教学会比老师问学生答来得更给力，学生的语文素养提高更可感、可见，而这种教学，老师只要从批注开始，进而示范，再教给一些通识的方法，就能达到。之后，老师的教学更多的是点评、启发，再教一些文章背景，文外之意，拓展阅读即可，真的是学生上路了，找到了自己学习的方法，老师就用不着教了。

为了培养学生的深度阅读能力，《将相和》这样的经典课文，我绝对不能放过，宁可在这一篇课文上多费时间，培养学生的自读能力，也不愿意为轻松而快速讲授。我花了3课时教本课，其中学生讲解2个课时多，我的讲解花不到1课时。

虽然课前预习时间充裕，但是第一课时的前20分钟，学生分享预习成果，几乎没能讲出什么，除了一些学生说出故事，说出小标题外，没读懂课文的真正意义。如下文。

将相和

这篇课文写三个小节：一，完璧归赵；二，渑池之会；三，负荆请罪；这三个故事都有紧密的联系，前两个都写蔺相如的机智勇敢，是为了后面做铺垫，引出下文的廉颇嫉妒他，直到廉颇后来知错就改，负荆请罪的故事。

文章的语言、神态、动作有很多，那我就说一两点吧。

文章中语言描写的对话特别多。第3段就体现出了赵王非常怕秦王，这里就给赵王对付秦国的方法埋下了伏笔，于是赵王就找来蔺相如，后者表示不要害怕，要沉着冷静。接下来就写出他处理事情的具体经过；第8段，写出蔺相如是如何抓住秦王的把柄，让秦王不能得逞，终于可以将和氏璧安全带回。

第二个事件：渑池之会；蔺相如说的话中，体现出他是非常爱国的，不惜一切代价，也不能让自己的国家受到他国的侮辱……

[教学反思]

学生写了500多字，但都是讲故事意思的理解，没能深入字里行间去思考。分享的7位学生阅读理解不分上下。于是，我做了一些方向提示，如：蔺相如的智慧与勇敢可以抓住一些提示语分析；将与相和与不和和人物的背景有关，可以结合背景思考；"将相和"是标题，为何先写相后写将？要思考段落的逻辑关系。要学生重新阅读，课堂上给时间，让学生重写文本解读。

第2课时的分享中，学生有了很大的突破：一是从结构上分析三个故事之间的关系，每个小故事都有因果关系，三个故事构成一个大的因果关系，故事的背景又是一个更大的因果关系。对一些词句背后隐藏的含义也进行了细读。如"一边看，一边称赞"，学生说秦王故意沉浸在对和氏璧的贪婪中，根本没有兑现自己提出承诺的意思，不把"换"当一回事；"看这情形"这是蔺相如审时度势、察言观色的本领；"后退几步，靠着柱子"不仅反应快，而且选择最好位置，有了应对的方法，足以体现他的机智；"理直气壮"，一个"舍人"在秦王面前怎么能做到理直气壮？"秦王听这一说……就……""举行隆重典礼"这是他的缓兵之计等。学生细读这些，反映了他们已经能从具体的词语中很好地品悟人物特征，也能体会语言之妙。

最让我感到眼前一亮的是学生提出的问题：蔺相如地位低下，在秦王面前为什么能举璧理直气壮地说？这问得妙，在秦王面前就是"理直"也得"气软"或"气弱"地说话，这蔺相如哪来的胆呢？他的语气与动作反映出什么？在老师的反问下，学生读出了两点：蔺相如是赵王的臣而不是秦王的臣，为自己的王他可以豁出去，这就是勇敢，能气壮；另外，璧已"骗"到手，主动权在蔺相如这边，所以不畏强权，可以理直气壮，这是智慧，能气壮。如此才是真的理解了这个词背后的意义。还有，学生问"蔺相如进宫见了秦王，大大方方地说"，他怎么能够大大方方呢？他骗了秦王，把璧偷偷带回了赵国，这时应该是心虚才对，这个"大大方方"违背了常情。这个问题我原先并没有想要解答，可是，学生这么一问，我立即觉得这一问题问得相当好，可以把"完璧归赵"中蔺相如的特征表达或解释得更到位。

到了第2课时的讨论环节，学生又提出一个问题：秦王都让人拿地图，把允诺的十五个城指给蔺相如看了，蔺相如怎么还敢让人把璧悄悄带回赵国？还说是秦王理屈呢？这一问真是让我觉得妙！秦王和蔺相如的人物特征就在这事件中体现出来了，这就是很好的品读之处。要让学生对这个问题品评，深度学习就是要这么品的。真是如获至宝，我赶紧顺水推舟让学生好好品读这块内容。结果，学生在互相碰撞中获得了答案，学习也就更进一层。还有一个学生提出"赵王重不重要"这个讨论点，这也非常有意思，这个疑问，正好揭示矛盾的产生者，是故事的根源所在，赵王虽然不是主角，但在文章里却是极其重要的配角，是故事矛盾的推进者，当然是相当重要的。这样上课，让我看到学生会读书的快乐。

最后，了解了学生已读懂的内容后，我教学时就用司马迁的原文与课文对比着教，让学生体悟编者改后的用意，以及原文的语文、结构之美。如：背景——廉颇者，赵之良将也。赵惠文王十六年，廉颇为赵将，伐齐，大破之，取阳晋，拜为上卿，以勇气闻于诸侯。蔺相如者，赵人也，为赵宦者令缪贤舍人。

再如——相如曰："五步之内，相如请得以颈血溅大王矣！"左右欲刃相如，相如张目叱之，左右皆靡。于是秦王不怿，为一击缶。

了解课文删除或改写之后的不同对比，了解事件的因果变化与人物性格的突出的不同。最后结合学生的文本解读归纳《史记》在人物表达手法上的4点艺术特色。

（1）善于在矛盾冲突中刻画人物性格，即通过许多紧张的斗争场面，把人物推到矛盾冲突的尖端，让人物展示各自的形象，表现各自的性格特征。

（2）善于用细节描写来刻画人物性格。经过作者选择提炼的典型细节，往往最能体现人物风神和个性。

（3）用"互见法"描写人物形象，全面展示性格特征。

（4）通过外貌、神情描写，使人物形象具有可视性；通过对话和富有个性的语言揭示人物性格。

这四点可以从这一篇文章中透彻地分析出来，可见本文的经典之所在。学生的文本分析，让我的教学更为细密，也更富情趣。

　　这一课的教学虽然明面上只用3个课时，实际上不止，因为学生课前自读还花了很多时间。好像语文课不允许有这么多时间来这么磨一篇课文，实际上，也确实不可能篇篇都这么上，但是一个学期只要有一次或两次这么上，学生的收获远比老师讲解硬塞给学生知识要有益得多。

第八章

"让学"观下的文本解读与教学设计

# 第一节　挖掘搭石与搭石人的精神

## ——《搭石》教材品析与教学建议

《搭石》是人教版五年级上册的一篇文质兼美的课文，文章凸显散文特色——形散神聚。全文以"搭石"这一线索把多个镜头或者说多幅画面紧紧串联一起，通过搭石精神来赞搭石人的精神；用赞颂搭石之美来映衬乡村人互帮互助、尊老爱幼、有序协调的和谐之美。

细品课文，你会发现文章在语言与行文上有着独特的亮点。

### 一、一排搭石一种精神

课文的第1段似乎是在向读者介绍什么是搭石，但是仔细阅读，介绍搭石的同时也暗示了搭石的作用与搭石人的精神。细品文章不禁要问，搭石诞生在秋凉季节，可为什么要写到山洪呢？秋凉的到来是诞生搭石的背景，但秋凉这一背景里又暗示着什么？搭石诞生前为何用了那么多的短语来铺垫"脱鞋绾裤"？发现这些问题再去阅读，你就能发现：山洪是搭石的克星，山洪过后，往年的搭石便无影无踪，山洪每年都有，搭石也就得每年再搭，山洪不断，搭石却总存，年复一年，一代传给一代的排摆搭石的精神便是家乡的传统文化。秋凉到来不仅是水浅易搭石，同时也暗含着不要再脱鞋绾裤了，没有搭石不仅是行动上的受碍，更有身体上的寒冻之苦。一连串的短语告诉我们搭石的出现给家乡人带来极大的方便，免除脱鞋绾裤的麻烦，更免除受寒的侵袭。搭石的出现可谓是一个人辛苦几村人受益，辛苦一整天，方便一秋冬啊。

## 二、一道风景三幅画面

课文的第2段的第一句就是:"搭石,构成了家乡的一道风景。"这一道风景你不仔细阅读,你就真认为就是一道风景了——弯弯的小河截断了两岸的小路,清清的河水中裸露出错落有致的一排大石头,碧绿的河水绕着石头,漾着清清绿波,汩汩欢唱前行。其实,这只不过是静景,联系全文,这一道风景还有着人们行走搭石的动态画面——一行人踏踏而行,清波漾漾、人影绰绰、协调有序。人与自然和谐之画。此外,这道风景中还潜藏着一幅精神意境之画——家乡人互助友爱、协调有序、和乐融融的精神风景。这道风景虽看不到,但是却从字里行间汩汩流进我们的心灵之窗,文如诗美如画。

## 三、一句总结,涵盖全文

谁都知道课文的最后一句是总结句,如果你只把它当总结句,说是总结全文,表达作者的感情,这样的概念上的浅显理解,损失可就大了。这一段最有嚼味,深入其中,你会连声叫妙。"一排排搭石,任人走,任人踏,它们联结着故乡的小路,也联结着乡亲们美好的情感。"这一句联结着课文的每一段,也联结着全文要表达但却没有明确直说的情感。联结一条中断的小路,只要一排搭石就行了,为什么是"一排排"?于是你得读课文的第1、第2自然段;"任人走、任人踏",两个"任"字,暗藏着搭石默默无闻的奉献精神,可是这搭石又是怎么诞生的呢?只要需要搭石的地方就一定会有搭石,这是为什么?是谁让他们排摆出搭石?没有谁的要求,一切都那么自然,该有的地方一定有,是谁排摆的谁也不知道,也没有人宣传,也没有人自传,一切都在默默无闻中,就如同搭石任人走、任人踏一样,自然而然。一个"走"一个"踏",我们不禁要问:人们是怎么走?怎么踏的?于是,第2、3、4自然段全在这两个字中。第2段是一个人是怎么走的;第4段是两个人怎么走的;第3段是三个或三个以上的一行人是怎么走的。一生二,二生三,三生全村、全乡的人,所有人的精神风貌都在这"走"里呈现出来。"走"与

"踏"意思相近，为什么用"走"还用"踏"？除了语言上的和谐外，这个"踏"字更显精神层面的含义。两个"联结"，第一个联结故乡的小路很好理解，物理层面上的联结；第二个联结——联结着乡亲们美好的情感。怎么理解呢？还是那个"踏"字，一个乡亲走踏搭石有什么样的情感？两个乡亲又踏出怎么样的情感？一行的乡亲又踏出什么样的情感？当我们再追问，这一个乡亲是什么人啊，是村长还是一般的村民？他急着赶路，却会因搭石的不稳而停下来修补并踏上几个来回才离去；于是，就有了这个人、那个人都一样，搭石联结着这种每个乡亲的无私精神，真是人走过，情留下。两个人是同村人才让着走吗？外村来的陌生人他们也让吗？青年背老人、背小孩子，已成为自然，当青年老时，孩子成了青年，他们还会背吗？"理所当然"一词就突出搭石联结着乡亲们上一代与下一代人的尊老爱幼的情感。那一行人都是哪个村的人啊？走得那么有序，这个村的人这样走，那个村的人也会这样走吗？搭石联结着这个村与那个村乡亲们的美好情感。多美妙的一个总结，文章所有的内蕴都可以从中挖掘出来。

### 四、一个"家乡"道出真情

"家乡"一词在课文中出现四次，加上总结句的"故乡"和"乡亲"共六处。其实，搭石在乡村随处可见，可作者为什么要这么突出家乡呢？除了取材真实、抒情真切外，还表达了作者的怀念之情，怀念的也不只是家乡，更是家乡的传统美德。正如作者自言，看到城市的人挤车的自私，排队的无序，深感痛心，于是家乡那美好的传统就浮上心头，倍感思念。

对课文有了这样的理解，教学起来就不会按部就班，一段一段地串讲，不断地让学生去找"看不见的心灵美"（课后思考题）。孩子哪里能找出来啊，只会说尊敬老人，助人为乐，而这两点学生一看就能说出来，如果你教完学生还只会这么说，那就是白教了。

建议这么教学本文。

1. 有整体感，解决生字新词的基础上，让学生读懂什么是搭石。搭石的作用。通过上工、下工、访友、赶集，来来去去与脱鞋绾裤的反复搭配，突出没有搭石带来的不便,反衬搭石的作用。

2. 变序教学,直奔最后一段,以此辐射全文,深入局部理解。用"搭石有着这么好的用处,难怪作者总结说——"导向最后的总结句。在学生朗读的基础上提出问题,任人走,人们是怎么走的?一人独走?两人相向走、相对走、不同年龄的人怎么走?一行人又是怎么走的?品一人独走是细学第2自然段,这里重点提出一个问题,学习一个句式:急着赶路,可为什么又停下来慢着走呢?急与慢这不是矛盾吗?学习句式是"无论……只要……一定……再……直……"。品两人走学习第4自然段,突出一个"让走"一个"助走",从"理所当然"一词中引导学生想象,说的是什么家常话?小孩子长大后他会这样做吗?老人年轻时背过别人吗?一代一代如此,所以是——"理所当然"。一行人走突出协调有序,这段要学生学好三个词和一个句,即"协调有序""清波漾漾""影影绰绰"和"紧走搭石慢过桥"。然后引导学生体会出一个人走搭石的情感,两个人走搭石的情感,一行人走搭石的情感,体会搭石是怎么联结这些情感的。

3. 体会"家乡"的亲切感,感受"搭石"风景之美。介绍作者的写作背景,引导朗读,感受家乡之亲,说说风景的内容。检验学生学习的深度。

## 第二节　于细微处发现

### ——《童年的发现》文本解读

《童年的发现》是人教版五年级下册的课文,课文主要讲的是"我"在九岁的时候就发现了达尔文有关胚胎发育的规律,这完全是"我"独立思考的结果。然而事情过去了三年,有一次当"我"想起了自己的发现,情不自禁地笑出声时,竟使"我"当众受到了惩罚。"我"感悟到一个道理,明白了世界上重大的发明与发现,有时还面临着受到驱逐和迫害的风险。仔细阅读课文,会发现课文里有许多奇妙的内容,课文里的"我"的发现有:发现自己梦里能飞;发现不仅是"我",小伙伴都要梦飞;梦飞是在长身体;人是由简单的生命进化来的;人的胚胎发育如画地图——从细胞变化成人正好九个月;世界上重大的发现有时面临被驱逐的危险。那么当我们读完"我"的这些发现后,我们对《童年的发现》又有什么发现呢?

## 一、文章中的"我"是一个非常自信的孩子

"我"是一个非常自信的孩子,这可以从课文的语句中读出来,首先是开头的语言:"这完全是我独立思考的结果。"一个"完全、独立"就是要显示自己的才华,只有自信的人才能有这样的语气,其次是"我"发现了胚胎发育的规律时,课文里补充了一句:"我想,大概还没有人发现这个道理。"这完全是自己独立思考的结果,别人都还想不到,可是我九岁就发现了,这种自豪让"我"非常自信。再次是课文的结尾处,"我想出了一条自慰的理由,我明白了——世界上的重大发明与发现,有时还面临着受到驱逐和迫害的风险"。看似很轻松的一笔,其实只有自信者才能这么轻松,才会把自己的发现与世界上重大的发现联系起来,等同起来,体现出自己发现的伟大。

## 二、发现需要有一定的基础,灵感要有一定的条件

细读文章会发现,所有的孩子都有好奇心,有的好奇心强,有的好奇心弱,只有好奇心强的孩子才会发现问题。有疑而问许多孩子都能做到,但为什么课文中有很多孩子一起去问生物老师,而只有"我"有发现呢?课文告诉我们,发现需要持续的思考,要有打破砂锅问到底的执着才行。我们来看看文章里的"我"是怎么思考的:"我梦里怎么会飞?——我们梦里都会飞?——为什么只有晚上睡觉才长身体?——为什么人在长身体时要飞?——人怎么会是鸟?——人究竟是怎么来的?——为什么怀胎是九个月?"就是这样不停地追问,不停地思考,让大脑里不停地思索这些问题的答案,于是就出现了另一种现象,满大脑的细胞都记忆着问题,都在思考着问题,生活中的各种现象,只要看到了都会被大脑捕捉,纳入思考答案的条件,

这样就可能出现一种新的关系联结，发现就产生了。人的每一项发现都不可能凭空而至，都是具有一定条件的，只有条件成熟了才会出现灵感。读课文，作者告诉我们发现的条件：①强烈的好奇心。②打破砂锅问到底的执着。③思考达到痴迷的程度。④要有启发点。文中"我"的启发点是乡村的孩子都知道九月怀胎，正好看到地图上的比例，在冥想中突然发现九月怀胎与地图比例相似，于是想到人类历史与人的发育变化时间刚好吻合。于是灵感到来，发现了胚胎发育的规律。可见，发现在于能把表面没有联系的事物，通过思考而联系起来，这个思考与联系就是透过表面，抓住本质而寻找到内在的一般人看不到的联系。

### 三、不是所有的老师都那样有耐心

不是所有产生好奇心的人都能有新的发现，同样，不是所有的老师都能耐心地解释学生的发问。作者在文章中就给了我们一个对比。第一个老师，他对学生的发问很有耐心，解释得很认真，对学生的迷惑、天真并不反感，能用自己的专业给学生一一解答，尽管自己越解答学生疑惑越多，却没有丝毫的不耐烦，更没有对学生有责罚的语言或行为，而是循循善诱，不停地解释，以至于后来让一个能够持续思考的学生有了惊人的发现。而另一个老师就没那么豁达了，生物虽然是她的专业，可是由于讲的是人的胚胎发育，作为一个年轻未婚的女老师，便有所顾忌，生怕学生课堂里想到"性"而努力地控制课堂，以至于当学生且只有一个学生发笑时，都不问原因，就往自己担心的思路里套，让一个有重大发现的天才蒙冤受罚。同样是老师，由于境界不同，时机不同，他们对学生的态度也是极大的不同，由此，也可以发现一个问题，如果我将来当老师，我会当一个怎么样的老师？

### 四、一个风趣的人会比别人有更好的思维

都说幽默来自于智慧，读这篇课文真的给了我们这个发现，一个风趣幽默的人会有比别人更好的思维。课文中的"我"是一个很有幽默感的人，文

章开头的语言就很幽默,"九岁、就、完全、独立思考",一种非常自豪的感情溢于表达中,自豪之后,却不忘自己用了一个"九岁"的表白,"听完这话,你大概会忍不住哈哈大笑,愿意笑你就笑吧",这种自嘲的幽默很容易感染读者,让人爱读。课文结尾再一次的自嘲,把一个被罚难堪的事,描述得让人同情释怀,并跟着不平与解气,而使"我"处于一个轻松的境地。正是"我"拥有这样的思维,才让"我"能专心思考自己的好奇心,不因受挫折就中止,而有更好的成绩。

### 五、发现文章写法巧妙,引人入胜

课文是围绕第1、2自然段而展开的,前两段即告诉我们自己对发现的自豪,而且展现在我们眼前的始终都是一个自信的孩子。这不仅从开头两句可以看出,还可以从"我想大概还没有人发现这个道理"看出。又告诉我们因发现而受累,用幽默的语言轻松地表述,给读者极深刻的印象,而产生阅读兴趣。"我"的追问过程都用叙述的方法,文章只两处用了描述法,一处是写"梦飞"的意境,把这个梦境写得栩栩如生,写得如真的一样美,给人极深刻印象,容易产生共鸣。因为这是人人都有过的经历,详细描述也就拥有了感染力。还有一处是发现胚胎发育的规律,这是灵感出现的关键,也是规律是怎么发现的节点,这是需要让人信服的,所以写得详细,使文章说服力强。最后一句幽默的结尾,不仅与开头呼应,更是让读者在一笑中忘记他在受罚,同时也展现出自己的自信。

课文的结构是按照规律发现的一般程序谋篇的,即发明与发现通常都要经历这样一个过程:疑问的诞生——寻找解答——苦思冥想——灵感闪现(发现或发明)——验证结果——得出结论。这样的结构给人循序渐进感,脉络清晰,也引人入胜。

发现这些发现,越读越有味,在这个基础上再细细品词析句,也会有不少新的认识。

# 后　记

　　很多老师都说我写书很容易，几个月就能写一本。这其实是一个大误会，如果按几个月就能写一本的速度算，那我现在应该是"著作等身"了。可实际上，我并没写几本书，这就是写书不易，看起来好像是闭关几个月就写出一本书，而实际上却是几年的积累，甚至是十几年的积累，是长期蓄势，一朝迸发的过程。

　　写本书，我坐下来写的时间确实只有几个月，可是这本书的酝酿与积累的时间却相当长。早在20世纪90年代初，我就构思了分享阅读教学实践模式，并写出了课题研究方案，并且付诸行动积极实践。然而，碍于当时理论不足，文献阅读不够，语文核心素养也还没有被提出，加上我在二线，实践过程是指导一线老师进行操作。结果用了6年的时间都没能成功，最后不了了之。

　　课题放下了，但心有不甘，2010年9月，我回到了一线，原来的分享式阅读教学观念又萌发，这期间一二十年的阅读积累，让我对这一课题实践的欲望异常强烈。教学一年后，就开始了本理念的尝试，慢慢想，慢慢做，一边幻想，一边实践；一边实践，一边学习。一年后，终于有了眉目，特别是课程标准的修订，让我兴奋激动，理论突然明晰起来，而且找到了通往幻想的具体途径。2013年至2016年，我的教学实践获得了良好的效果，年年都有突破，收获了学生优异的成绩。禁不住学生作品的诱惑，（2017年另有一课题在结题中）便于2018年申报了课题，这是第二次正式以课题的形式再次实践，由于前期获得了很多的实践经验，课题实践过程很轻松，获得的材料也非常充足，所以到了总结阶段，整理成书时，就无需花太多的时间了，可以说本书是取得水到渠成的结果。

　　在这里得感谢和我一起做课题的老师，谢谢她们边学理论边实践的工作精神；更要谢谢我的学生，我成全了他们，他们也成就了本书。书中有不少的学生作品，都是非常宝贵的智慧结晶，这样的结晶无处可寻，哪怕是再厉害的专家、再懂教育的教授也不可能写出这样的内容，唯有还在学习中、成长中的孩子们，经过这样的课题实践才能创造出来，一句话，只有实践者才能拥有。只有在课堂里经历过分享的快乐参与者，才能真正领略到个性课堂、个性深度阅读带来的特别欢乐；只有参加实践的老师才能享受到学生潜能带来的惊奇，看到阅读课上分享者的自豪，真正体验到"让学"课堂教师的作为，体会到个人阅读智慧在课堂达到的高峰体验，并在分享中获得师生共同成长的美妙。

阅读课堂最美妙的时刻是在看到学生成长的同时，发现自己的阅读也进步了，发现自己比学生更可教了，课堂里教学生的同时也是在教自己，自己教自己，学生也教自己，实现自我超越。